Dietmar Bittrich
Dann fahr doch gleich nach Hause!

SERIE PIPER

Zu diesem Buch

Achtzig Prozent der Reisenden sind sich einig: Das schönste Erlebnis des Urlaubs ist die Heimkehr! Kein Wunder, denn Reisen sind Härtetests: das Hotelbett steht falsch, der nahe Fahrstuhl raubt einem die Nachtruhe, und bei geöffnetem Fenster dringen Straßenlärm und Fritierdunst herein. Dazu kommen die Mitreisenden: Sie husten schon auf dem Hinweg Bazillen ins Flugzeug, besetzen die Pool-Liegen, lärmen in stillen Buchten und bringen mit ihren lebhaften Kindern die Seilbahn zum Schwanken. Dietmar Bittrich kennt die vielen kleinen Tücken des Reisealltags und weiß, wie sich das Glück trotzdem einfangen lässt.

Dietmar Bittrich, geboren 1958 in Triest, kam in seinem Leben viel herum und freut sich jedes Mal, wenn er wieder sein Hamburger Heim betreten darf. Er enthüllte »Das Gummibärchen-Orakel«, arbeitete über das Wesen der Geschlechter (»Böse Sprüche für Sie & Ihn«) und veröffentlichte unter anderem »Die Liebesaffären einer Stadt« und »Urlaubsreif«.

Dietmar Bittrich

Dann fahr doch gleich nach Hause!

Wie man auf Reisen glücklich wird

Piper München Zürich

Mehr über unsere Autoren und Bücher:
www.piper.de

Von Dietmar Bittrich liegen bei Piper im Taschenbuch vor:
Dann fahr doch gleich nach Hause!
Die Liebesaffären einer Stadt
Urlaubsreif

Reisebibliothek
Piper Verlag GmbH, München
April 2008
© 2002 Hoffmann und Campe Verlag, Hamburg
Umschlagkonzept: Büro Hamburg
Umschlaggestaltung: Birgit Kohlhaas, München
unter Verwendung eines Fotos von LWA – Dann Tardif / Corbis,
einer Illustration von Leo Purmann / dieKLEINERT
und einem Hintergrund von Thomas Willemsen / LOKOMOTIV
Autorenfoto: Wolfgang Wilde
Satz: Utesch GmbH, Hamburg
Papier: Munken Print von Arctic Paper Munkedals AB, Schweden
Druck und Bindung: CPI – Clausen & Bosse, Leck
Printed in Germany   ISBN 978-3-492-25178-5

INHALT

Ein Wort, bevor wir losfahren	7
Danke, dass Sie verreisen	9
Last Minute Blues	13
Die lästigen Anderen	16
Ein Reiseführer für alle Fälle	20
Wie man in der Bahn allein bleibt	24
Die sofortige Vertreibung aus dem Paradies	27
Immer im falschen Hotel	30
Das Frühstücksbuffet	36
Die Stadtrundfahrt	40
Unverdauliche Landesspezialitäten	43
Ich bin kein Tourist	48
Leihwagen mit Vollkasko	52
Die lästige Kultur	56
Am Pool	61
Die Reisekasse	65
Endlich Zeit zum Streiten	69
Das Veranstaltungsprogramm	73
Im Haus von Bekannten	77
Vergeistigung durch Studienreisen	81
Malaria-Mücken und Tse-Tse-Fliegen	85
Kurort Museum	89
Nur Kenner können vergleichen	92
Aufopfernde Diebe	96
Die Krise in der Ferienmitte	100

Aufbautraining durch Lektüre	103
Mit Freunden reisen	106
Nachsaison	110
Als Mann im Urlaub	113
Lawinetreten und anderer Wintersport	116
Weihnachten im Süden	119
Wie man Mängel zu Vorzügen macht	124
Glück und Schmerz auf Luxusreisen	128
Bange Heimkehr	136
Preiswerte Mitbringsel	139
Wie man von der Reise erzählt	144
Krönung des Urlaubs: der Beschwerdebrief	148
Ansichtskarten und ihre Verfasser	152
Und jetzt kommen die anderen zu Besuch	156

Ein Wort, bevor wir losfahren

Wir reisen, um glücklich zu sein. Aber dann stehen wir in Warteschlangen, sitzen bei Stadtrundfahrten auf der falschen Seite und müssen beim Abendessen die Spezialitäten des Landes verkraften. Jede Reise hat ihre Krise. Und Sie kennen diese Krisen. Wenn ich mich richtig erinnere, haben Sie sogar neben mir in der Seilbahn gestanden, damals, als die Gondel plötzlich ruckartig anhielt und dann langsam talwärts rutschte. Ich habe Ihre Tapferkeit bewundert. Oder kenne ich Sie vom Anflug auf Recife, als Sie mir unaufgefordert alle Nebenwirkungen der Gelbfieber-Impfung erklärten? Vielen Dank noch.

Es kann auch sein, dass ich Sie von Fuerteventura kenne. Ihr Handtuch lag plötzlich auf meiner Liege am Pool. Doch, ich erinnere mich gut an Sie. Haben wir uns nicht einen zähen Kampf um den besten Platz im Aussichtsbus geliefert? Und uns dabei immer zugelächelt?

Ich glaube, Sie waren das. Und falls nicht, möchte ich mich dafür entschuldigen, dass mein Schnarchen Sie wachgehalten hat in dem Hotel mit den dünnen Wänden oder etwas später, als wir alle auf dem Airport übernachten mussten. Verzeihen Sie mir.

Ich kenne Sie von all den ermüdenden Schlossbesichtigungen, den verregneten Bootsausflügen und

nicht zuletzt von der Gabelstecherei am Frühstücksbuffet. Ja, ich habe mir Notizen gemacht. Auch über Ihr Benehmen. Sie kommen vor in diesem Buch. Ist doch schön! Sie haben das alles durchlitten. Ich auch.
Und nun ist es Zeit, darüber zu lachen.

Danke, dass Sie verreisen

Na, Ticket bereitgelegt? Koffer gepackt? Sie verreisen? Schön. Schön für Sie. Und für mich. Jetzt werden Sie mir keinen Parkplatz mehr wegschnappen. Sie stehen im Supermarkt nicht mehr mit überfülltem Korb vor mir in der Schlange. Es wird überhaupt keine Schlange mehr geben. Ich komme spät ins Kino und finde trotzdem einen Platz ohne Sichtbehinderung. Danke, dass Sie verreisen!
Sie werden es mir nicht verübeln, dass ich die Post lese, die aus Ihrem Briefkasten ragt. Ach, und falls Sie mir den Schlüssel anvertrauen, zum Blumengießen, dann darf ich doch ein bisschen bei Ihnen stöbern? Nur so aus mitmenschlichem Interesse? Falls Sie den Schlüssel der Frau gegenüber geben, wird sie es tun. Einbruchsversicherung haben Sie? Gut, dann fahren Sie vertrauensvoll.
Ich entspanne mich zu Hause. Dank Ihnen. Die Stadt wird leer. Wird still. Wird der perfekte Urlaubsort. Denn hier brauche ich keine Auslandskrankenversicherung. Keinen Schutzbrief, um notfalls mit dem Hubschrauber ausgeflogen zu werden. Ich brauche nicht einmal einen Pass.
Ihre Impfungen gegen Typhus, Hepatitis, Gelbfieber haben Sie absolviert? Die Nebenwirkungen des Malaria-Mittels sollen ja auch recht sonderbar sein. Nur Mut! Ich werde mich weder an verseuchtem

Wasser noch an Kolibakterien im Salat infizieren. Kein tropischer Virus nistet sich bei mir ein. Ich mache mir keine Gedanken über das Alter von Chartermaschinen, die Herkunft merkwürdiger Risse in den Tragflächen oder die Weltanschauung des Piloten. Mein Koffer fliegt nicht versehentlich nach Kasachstan. Er wird nicht eingedrückt oder von räuberischen Packern geleert. Er ruht total relaxed auf dem Schrank.
Und während Sie sich wundern, wieso der Euro im Ferienland so viel weniger wert ist, oder während sie sich mit fremden Münzen und schweißigen Scheinen herumschlagen und bis zum Urlaubsende die Umrechnungstabelle nicht kapieren, bezahle ich ganz gemütlich in heimischer Währung. Ich muss nicht so tun, als sei ich kein Tourist. Ich bin es tatsächlich nicht.
Sie wollen sich sonnen? Mache ich auch. Meine Haut jedoch kann durchatmen. Ich muss sie nicht mit überdosierten Lichtschutzfaktoren verschmieren. Aber gute Reise! Ich erhole mich unterdessen. Mich zwingt niemand, Kirchen, Klöster und Tempel zu bestaunen. Ich muss mir nicht anhören, welcher verblichene Fürst oder Bischof unter welcher Grabplatte liegt. Wenn ich aus dem Bus steige, werde ich nicht von dreisten Händlern mit Tüchern, Ketten und Nippesfiguren bedrängt.
Aber fahren Sie, bitte! Ich brauche mich nicht darüber zu ärgern, dass der Kellner miese Touri-Menüs auf den Tisch knallt und anschließend die Rechnung fälscht. Ich muss keine Postkarten mit belanglosen Texten an Leute schreiben, die mir

ohnehin nichts bedeuten. Stattdessen freue ich mich auf die Zeilen, die Sie sich abkneifen.

Nur zu! Ich kriege keinen Jetlag. Ich brauche nicht mal meine Uhr umzustellen. Meinetwegen wird kein ozonschädigendes Kerosin in die Luft gepustet und kein Fäkalientank ins Meer entleert. Ohne den Finger zu krümmen, mache ich mich um die Umwelt verdient. Ich werde mich nicht in Bus, Flugzeug, Hotel, Restaurant oder am Kapitänstisch mit Leuten unter meinem Niveau abgeben. Aber, bitte, machen Sie das.

Versuchen Sie, es trotzdem zu genießen! Denken Sie nur daran, Ihre Liege am Pool mit dem Handtuch zu markieren. Ich brauche das nicht. Aber Sie müssen in aller Frühe zum Strand hetzen, um noch einen Sitzplatz zu ergattern. Ich bleibe entspannt. Und während Sie vom Geplärre fremder Ghettoblaster genervt werden, drehe ich meine heimische Anlage auf. Sie sind ja nicht da.

Sie übernachten auf irgendeinem Flughafen, weil die Lotsen streiken. Macht ja nichts! Ich bin zu Hause, wenn das Paket kommt, auf das ich so lange gewartet habe. Ihres geht an den Absender zurück. Und wenn Ihre Firma einen hoch dotierten Spezialauftrag zu vergeben hat, sind Sie nicht erreichbar.

Na, Sie haben ohnehin andere Probleme. Ich freue mich schon auf Ihre Katastrophenberichte. Auf Ihren Sonnenbrand, auf den Gipsfuß. Auf den Beschwerdebrief, den Sie an den Reiseveranstalter entwerfen. Auf Ihren Ärger, wenn die Gepäckversicherung die Zahlung verweigert.

Wissen Sie, ich bin einfach mehr für Erholung. Ich will mir auch nicht monatelang die Pfunde abhungern, die frustrierte Reisende wie Sie sich in der Ferne aufspecken. Wie bitte? Jetzt überlegen Sie? Was? Sie wollen vielleicht doch lieber zu Hause bleiben? Um sich auszuruhen? Sich wohl zu fühlen? Aufzublühen?
Eine kluge Entscheidung! Ja, tun Sie das. Relaxen Sie. Und damit Sie in letzter Minute nicht doch noch schwankend werden, gehen Sie ganz sicher: Weg mit dem Stress. Verschicken Sie Ihr Ticket. Jetzt. An mich.

Last Minute Blues

Reisen kann schön sein. Manchmal. Abreisen ist immer schrecklich. Wir wollten weg, Sie nach Süden, ich nach Norden, Sie in die Metropole, ich auf die Insel. Irgendwann haben wir das beschlossen, und damals war die Vorstellung herrlich. Jetzt sieht es anders aus. Jetzt droht der Abreisetermin.
Warum können wir nicht zu Hause bleiben? Wo es uns gut geht? Wo wir ein Bett haben, in dem wir schlafen können, eine Kaffeesorte, die schmeckt? Selbst wenn wir von Fernweh geplagt sind, müssen wir zugeben: Der Abreisetermin kommt ungelegen. Ausgerechnet jetzt türmen sich auffallend viele dringliche Angelegenheiten. Briefe, Überweisungen, Telefonate. Es gibt Projekte, die gerade jetzt, nur jetzt, wunderbar abgearbeitet werden könnten. Wenn wir nur eine Woche mehr Zeit hätten! Es gibt diese Woche nicht. Am Abend, in der letzten schlaflosen Nacht, wird uns klar: Wenigstens einen Tag müssten wir haben. Nur einen einzigen Tag für Pflanzen, Tiere, Waschmaschinen. Dann könnten wir leichten Herzens Abschied nehmen.
Zu spät. Während wir dem Taxifahrer entgegenbibbern und hektisch letzte Dinge allerhöchster Priorität erledigen, wünschen wir uns sechzig Minuten. Nur eine einzige Stunde mehr zur Erledi-

gung des Allerwichtigsten, und wir könnten fröhlich die Tür schließen!

Es gibt diese Stunde nicht. Der Fahrer klingelt. Das Schicksal packt uns mit knöchernem Griff.

Oder sind Ihnen dergleichen Gefühle fremd? Wollen Sie sagen, Sie haben damit keine Probleme? Dann gehören Sie zu den dickfelligen Naturen, zu den verhärteten Seelen. Schade.

Aber Sie sind sensibel. Sie kennen das Phänomen des Last Minute Blues. Die abgrundtiefen Zweifel an der Existenz im Angesicht der Reise. Ich meine gar nicht, dass Ihnen erst im Taxi klar wird, welches Fenster Sie nicht geschlossen haben und welche Herdplatte noch glüht. Weshalb Sie dann vom Flughafen hektisch den Nachbarn anrufen. Er soll auch das Wasser abstellen und bitte, tut Ihnen Leid, den Mülleimer runterbringen. Der Nachbar ist natürlich nicht da oder schon drüben bei Ihnen zum Fernsehen und Stöbern. Letztes Mal ist er plötzlich mittendrin selbst weggefahren, und dann quoll Ihr Briefkasten über und der Philodendron hatte alle Blätter verloren.

Es ist nicht nur das. Es geht auch keineswegs darum, dass die Flugzeuge so abgenutzt und die Piloten psychisch so instabil wirken. Bahnfahren kann auch niemanden retten. Nein, es geht um das Abschiednehmen an sich. Zu Hause haben wir es sicher und warm. Am Urlaubsort werden wir es vielleicht warm haben, aber bestimmt nicht sicher. Zu Hause können wir uns auf unsere Gewohnheiten verlassen. Und das ist entscheidend.

Was wir unser Ich nennen, womit wir uns identifizieren, ist nichts anderes als ein festes Geflecht von Gewohnheiten. Wir müssen es zurücklassen. Müssen also uns selbst zurücklassen. Genau dieser Horror packt uns beim Aufbruch. Wir haben gelernt, ihn zu beschwichtigen. Doch wir sind nur noch eine Hülle, die vom Taxi durch die Stadt gefahren wird. Ein substanzloser Rest von mechanischen Funktionen, der am Flughafen die Formalitäten erledigt. Warum wohl nimmt die Queen 147 Gepäckstücke mit auf die Reise, nebst einer Tonne heimischen Trinkwassers? Eben, eben.

Wir müssen versuchen, uns am fremden Ort aus zwei Koffern und einer Kreditkarte wieder zusammenzusetzen. Seltsam allerdings, das gelingt mit der Zeit. Nur – wenn es denn gelungen ist, wenn endlich, wie tief blickende Indianer sagen, die Seele nachgekommen ist, ertönt schon die Fanfare: abreisen.

Dann erst würden wir gerne bleiben am fremden, endlich vertrauten Ort. Oder wenigstens um eine Woche verlängern. Mindestens um einen Tag, damit wir unsere Lieblingspunkte noch einmal aufsuchen können.

Unmöglich. Auch die letzte unerlässliche Stunde Aufschub bleibt uns verwehrt. Schnell den Koffer gestopft, die Schubladen aufgerissen, unters Bett gespäht, nur nichts vergessen.

Vergebens. Während wir in den Airportbus steigen, haben wir das vage Gefühl, wir hätten etwas Wichtiges zurückgelassen. Haben wir auch. Als leere Hülle stehen wir in der Schlange am Schalter. Angefüllt nur vom Last Minute Blues.

Die lästigen Anderen

Zu den scheußlichsten Begleiterscheinungen einer Reise gehören die Anderen. Die Leute, die das Flugzeug füllen. Die im Frühstücksraum das Buffet abräumen. Die mit ihrer Drängelei die Seilbahn ins Schwanken bringen. Die überall herumstehen, fotografieren, rufen, Witze machen, Aussichtsplätze und Cafés besetzen.
Warum sind sie überhaupt unterwegs? Was treibt sie in die Ferne, raus aus ihren Wohnungen, wo sie ihrem primitiven Geschmack frönen konnten und uns nicht störten? Es muss der zwanghafte Trieb sein, alles zu kaufen, was angeboten wird, und alles nachzumachen, was andere vormachen.
Wir – Sie und ich – wir gehören nicht zu diesen Massen. Umso befremdlicher empfinden wir sie. Wir fragen uns immer schon auf der Autobahn: Was tun all diese Leute um diese Zeit hier? Warum fahren sie ausgerechnet jetzt von München nach Salzburg? Wir müssen wirklich hin. Aber diese Straßenverstopfer könnten bestimmt etwas Nützlicheres tun! Und warum nehmen sie nicht den Zug?
Noch ärger ist es, wenn wir eine Flugreise antreten. Bereits das Betreten der Halle muss unseren sensiblen Geist entmutigen. Diese Schlangen vor den Schaltern! All diese Leute, die lauter sperrige und komplizierte Gepäckstücke aufgeben wollen. Oder

deren Flugschein fragwürdig ist, so dass umständlich telefoniert werden muss, und dann kommt ein Experte und weiß auch nicht. Und währenddessen schieben die Drängler ihren Koffer heimlich zentimeterweise an uns vorbei.

Muss das sein? Kann das Reisen nicht beschränkt werden auf Menschen, die Stil haben? Auf Menschen, an die das Reisen nicht verschwendet ist, auf Menschen wie uns? Gleich an Bord werden wir neben jemand anderem sitzen müssen. Im Warteraum können wir noch eine individuelle Schutzzone aufrechterhalten, indem wir die kostenlosen Zeitungen um uns herum auslegen. Doch an Bord sind die Plätze unerbittlich zugeteilt.

Es besteht noch eine vage Hoffnung, falls die Billigklasse überbelegt ist. Dann darf jemand aufrücken. Aber vermutlich wird es der grobianische Schlauberger sein, der gleich beim Einchecken vorgefühlt hat: »Falls Sie upgraden, denken Sie bitte an mich?« Oder der andere, der beim Einstieg eine Knieverletzung simuliert (»eben im Warteraum passiert«) und um einen Platz mit viel Beinfreiheit gebeten hat.

Wir sind erhaben über solche Schieberei. Also werden wir keinen leeren Platz neben uns haben. Sondern wir werden neben jemandem sitzen, und zwar auf Tuchfühlung. Falls er noch den Rauch der letzten Zigarette ausdünstet, wenden wir unsere Nase demonstrativ in die entgegengesetzte Richtung. Sofern er am Gang sitzt und trotzdem aus unserem Fenster fotografieren möchte, halten wir nach seinem ersten Foto die Zeitung hoch, damit ihm klar ist, wie unzumutbar eine Wiederholung wäre. Wenn er beim Unterarmdrücken nicht nachgibt, müssen wir ihn irgendwann ansprechen: »Wie wollen wir uns über die Lehne einigen? Sie die vordere Hälfte, ich hinten?«

Falls der Flug länger dauert, hat er bestimmt Schnupfen und stößt feinperlige Nieswolken aus. Oder wir werden von hinten regelmäßig angehustet, damit wir ja nicht schlafen können. Die Bazillen fern sitzender Huster werden von der Klimaanlage angesogen und aus der Düse über uns wieder ausgesprüht. Säuglinge sind exakt so im Planquadrat um uns verteilt, dass wir immer aus irgendeiner Ecke angebrüllt werden.

Warum meinen all diese Leute, sie müssten partout mit unserem Flugzeug fliegen, ausgerechnet an den Ort, an den eigentlich nur wir reisen wollen? Werden sie da auch noch die Straßen verstopfen? Die Hotels belegen? Die besten Plätze auf den Ausflugsschiffen wegschnappen?

Wenn wir eine Busreise gebucht haben, setzt sich das Ungemach gleich nach der Landung im Bus fort. Da hat nur der Reiseführer seinen uneinnehmbaren Nobelplatz. Wir hingegen müssen mit den anderen in dezenter Feindseligkeit konkurrieren. Der offene Kampf um Plätze wird an Bord niveauvoller Besichtigungskarossen zum Katharinenkloster oder nach Petra ungern gesehen. Zumal wir ja so tun wollen, als seien wir weltoffen und immer neugierig auf alles Fremde.

Doch nur wenn wir zu den Siegern gehören, die den besten Platz okkupiert haben, wenn wir unmittelbar hinter der Frontscheibe thronen, ist alles gut.

Dann können wir abweisend aus dem Fenster sehen. Oder uns mit den Reisenden hinter uns unterhalten, um jedem Neider zu signalisieren, dass wir auf diesem Platz heimisch sind. Falls uns hingegen ungehobelte Barbaren diese Plätze weggeschnappt haben, müssen wir den Reiseleiter diskret davon überzeugen, dass das Rotationsprinzip eingeführt wird. Zumal uns immer schlecht wird, wenn wir nicht ganz vorn sitzen.

Dann die Schlangen von Leihwagen auf der empfohlenen Aussichtsroute, das Gedränge auf jedem im Reiseführer erwähnten Platz, die froh gelaunten Witzebrüller in Bergschluchten, die besoffenen Pilger auf dem Weg nach Compostela, die von eingeölten Leibern angedickten Pools, die schnöseligen Hotelbars, die Frühstücksräume voller Morgenmuffel.

Egal, wie gut wir es organisieren: Die anderen kommen uns auf Reisen immer zu nahe. Selbst wenn wir allein den Yukon runterpaddeln, müssen wir in einer Sardinenbüchse hinfliegen und genauso wieder zurück.

Wie können wir einen Rest eigene Welt behaupten? Manchmal reicht eine abweisende Miene. Manchmal vorgetäuschte Freundlichkeit. Vielleicht ein Buch, dessen konzentrierte Lektüre in einen schützenden Kokon hüllt. Oder Kopfhörer.

Meistens hilft gar nichts außer der Gewissheit, irgendwann wieder allein zu Hause zu sein.

Ein Reiseführer für alle Fälle

Kopieren Sie dieses Kapitel. Es wird Ihnen auf der Reise viel Geld sparen. Denn ich weiß, wohin Sie fahren wollen, und ich möchte Ihnen ein paar Geheimtipps geben.
Der erste: Sie kommen in ein Land der Kontraste. Da, wo Sie hinfahren, gibt es quirlige Städte und unberührte Natur, Tradition und Fortschritt, Arm und Reich, und manchmal prallen diese Gegensätze unvermittelt aufeinander. Woher ich das weiß? Aus Ihrem Reiseführer. Ja, ich kann Ihnen auch garantieren, dass Sie lohnende Blicke und gewaltige Panoramen erleben werden, bunte Märkte, ehrwürdige Gebäude und liebenswerte Einheimische.
So steht es nämlich in Ihrem Reiseführer. In meinem auch. So steht es in jedem, denn es gibt nur einen einzigen Reiseführer oder hat ihn mal gegeben: den Ur-Reiseführer, von dem alle anderen abgeschrieben worden sind. Lediglich die Namen von Städten und Gebäuden werden per Tastendruck ausgetauscht. Wo dieser Ur-Reiseführer zu haben ist? Genau hier.
Bitte sehr: Das Land, in das Sie reisen, hat eine wechselvolle Geschichte. Diese Geschichte hat Spuren hinterlassen, in der Landschaft, in den Bauwerken, aber auch in den Gesichtern der Menschen. Manches dieser Gesichter könnte selbst

eine Geschichte erzählen. Die Vorfahren der heutigen Bewohner haben das Land in entbehrungsreicher Arbeit urbar gemacht. Jetzt treiben die Nachkommen eine blühende Landwirtschaft, mit Ausnahme derjenigen, die den kargen Böden in mühevoller Arbeit Früchte für den Lebensunterhalt abtrotzen.

Aber zunächst einmal fahren Sie ja in die berühmte Stadt. Beachten Sie bitte, dass es sich um eine faszinierende Symphonie aus Steinen, Farben und Formen handelt. Das neue Selbstbewusstsein des Landes drückt sich in modernen Bauten und fortschrittlicher Architektur aus. Doch die Einheimischen haben sich den Sinn für Tradition bewahrt. Sie sind stolz auf ihre imposanten Baudenkmäler, die Zeugnis ablegen von der eindrucksvollen Baukunst der Vergangenheit.

Über einigen historischen Ensembles liegt der Charme des Morbiden. Versäumen Sie nicht, die Fassade des Schlosses zu bewundern; sie sucht ihresgleichen. Eine großzügige Freitreppe führt zur monumentalen Säulenhalle. Die alte Kathedrale zeichnet sich durch eine prunkvolle Innenausstattung aus. Betrachten Sie die holzgeschnitzten Reliefs und die Statuen mit dem verinnerlichten Gesichtsausdruck. Ein paar Stufen führen in die Krypta mit den Sarkophagen einstiger Herrscher. In der Ostfassade können Sie noch Steine des Vorgängerbaus aus dem achten Jahrhundert entdecken.

Wenn Sie aus der Tür treten, befinden Sie sich mitten auf dem zentralen Platz. Er ist Dreh- und Angelpunkt der Stadt. Hier herrscht immer reger

Betrieb. Sehen und Gesehenwerden ist das Motto. Der Brunnen dient als bevorzugter Treffpunkt für Verliebte. Auf den Terrassen der Restaurants mischen sich Künstler und Schriftsteller unter die Gäste und diskutieren.

Geheimtipp: Setzen Sie sich in eines der Cafés und sehen Sie dem bunten Treiben zu. Noch geheimer: Begeben Sie sich anschließend in eine der schattigen Seitenstraßen, wo sie abseits vom Trubel noch das ursprüngliche Leben entdecken können. Schlendern Sie durch die pittoresken Gassen mit den gemütlichen alten Weinstuben und den poetischen Winkeln mit bunten Häuschen, in denen kleine Handwerker und Künstler wohnen. Leider werden sie zunehmend von eleganten Boutiquen verdrängt.

Und dann besuchen Sie den Markt. Er ist frühmorgens am interessantesten, wenn sich buntes Obst und Gemüse hoch auf den Ständen türmt. Genießen Sie das farbenfrohe Getümmel und die anpreisenden Rufe der Händler. Der Park hingegen, ein paar Kilometer weiter, ist eine grüne Oase der Ruhe. Und wenn Sie Zeit haben, spazieren Sie noch über den Friedhof. Mit den zahlreichen Gräbern berühmter Verstorbener nimmt er einen besonderen Rang ein.

Noch ein wichtiges Wort zu den Einheimischen: Sie essen und trinken gern und feiern ausgelassen. Sie öffnen sich dem Fremden nicht sofort, dann aber umso herzlicher. Die Hektik unseres modernen Lebens ist ihnen fremd. Sie haben eine eigene Gelassenheit bewahrt.

Schön, nicht wahr? Sicher werden Sie wiederkommen wollen. Es handelt sich um ein Land, in dem es noch viel zu entdecken gibt.
Fertig. Das ist Ihr Reiseführer. Der Ur-Reiseführer für alle Länder. Sie vermissen genaue Adressen und Öffnungszeiten? Die stimmen auch in den dicken und teuren Reiseführern nicht. Also kopieren Sie diesen. Er lässt sich überallhin mitnehmen, wiegt nur einen Bruchteil der anderen, und trotzdem steht genauso viel drin.

Wie man in der Bahn allein bleibt

Sie reisen gern mit der Bahn? Ich auch. Ach, Zugfahrten könnten so schön sein! Und zwar dann, wenn wir, Sie und ich, jeder sein privates Sechserabteil hätten. Aber oft haben wir nur die Wahl, ob wir in der Ruhezone des Großraumwagens allerlei Business Talk mit anhören. Oder in einem Sechserabteil den Atem des Nachbarn aufsaugen.

Sicher haben Sie sich schon kaltblütig in eines jener leeren Séparées begeben, in dem laut Beschilderung sechs Schwerbehinderte sitzen sollen. Ich habe Sie da jedenfalls schon sitzen sehen, kerngesund. Macht ja nichts. Wenn wir unbehelligt reisen wollen, müssen wir unsere Freiheit verteidigen. Wir brauchen Abschreckungsstrategien. Wie können wir suchende Mitreisende von unserem Abteil abschrecken? Oder im Großraumwagen wenigstens auf Distanz halten?

Die sollen gar nicht erst unsere Abteiltür aufziehen und scheinheilig fragen: »Ist hier noch frei?« Die sollen freiwillig weiterziehen. Sind Sie vorbereitet für den Verteidigungsfall? Wenn ich Sie richtig erkannt habe, wenden Sie die Hausfrauen-Methode aus dem heimischen Stadtbus an: Sie belegen die Nebenplätze mit Taschen und Plastiktüten.

Richtig so. Breit machen. Sie und ich sind zu fein, um auf dem gegenüberliegenden Platz ein Boule-

vardblatt auszubreiten und die Füße darauf zu lüften. Obwohl ein kurzer Moment der Unfeinheit oft viele Stunden der Feinheit ermöglicht. Auch platzieren wir kein Sixpack Bier plus Ghettoblaster neben uns. Zumal so ein Arrangement irrtümlich Gleichgesinnte anlocken könnte. Nein, wir wenden subtilere Abschreckungsmethoden an und hoffen, dass andere subtil genug sind, sie zu begreifen.
Jeder Halt an einem Bahnhof ist eine neue Zitterpartie. Wir haben im Großraumwagen ein paar freie Plätze um uns herum. Da soll sich keiner hinpflanzen. Oder wir sitzen in einem eigenen, bereits in unseren Privatbesitz übergegangenen Abteil, in idyllischer Abgeschiedenheit. Nun hält der Zug, um neue schreckliche Reisende einzulassen. Schon schieben sich unverfrorene Neuankömmlinge am Abteilfenster vorbei. Gierig blicken sie in unser köstlich leeres Abteil und zögern bereits.
Verflixt, wir hätten die Vorhänge zuziehen sollen! Wollte nicht unser Schwager, der sich mit Computern auskennt, massenhaft Reservierungszettel drucken, für jede Station, die wir dann klammheimlich in die vorgesehenen Fensterchen pfriemeln können?
Zu spät. Jetzt kommt es auf rigorose Abschreckung an. Lesen Sie bloß nicht in Ihrem Buch! Zu Lesern setzt man sich gern. Der Philosoph Ernst Bloch hatte bei Zugfahrten niemals ein Buch, sondern stets einen Gehstock bei sich, mit dem er die beiden freien Sitze seiner Bank belegte. Dann streckte er ein Bein steif von sich, holte einen riesigen

Schnupflappen heraus und schnaubte, dass die Achsen bebten. Er blieb immer allein.

Hier weitere Ratschläge großer Philosophen: Bananen schälen. Gekochte Eier pellen, die Schalen auf dem Nebensitz ablegen. Tupperdosen mit Vorgekochtem aufbauen. Aus einem Tempotaschentuch überquellende Leberwurstbrote wickeln. Dieses Arsenal der Abschreckung benötigt eine eigene Tragetasche? Ja, allerdings, und zwar mit Supermarkt-Aufdruck, am besten leicht abgerieben und womöglich befleckt.

Sie wollen leichter reisen? Dann setzen Sie wenigstens bei jedem Halt eine Sonnenbrille auf, die Ihnen den Touch des Fieslings gibt. Und falls Sie als Paar unterwegs sind, beginnen Sie einen lauten Streit just in dem Augenblick, in welchem Zugestiegene ins Abteil schauen.

Sie reisen allein? Halten Sie wenigstens Ihr Handy ans Ohr und telefonieren Sie lautstark ins Leere. Ich bin noch radikaler. Ich führe bei jedem Halt debile Selbstgespräche, mit schiefer Brille und leicht hervorquellender Zunge. Das wirkt Wunder! Und wenn sich demnächst trotzdem jemand zu mir setzt, weiß ich, dass Sie es sind, weil Sie dieses Buch gelesen haben und mich durchschauen.

Na, schön. Seien Sie willkommen. Aber packen Sie ja nicht Ihr Käsebrot aus!

DIE SOFORTIGE VERTREIBUNG AUS DEM PARADIES

Die Ankunft am Urlaubsort ist die Ankunft im Paradies. Gefolgt von der sofortigen Vertreibung daraus.
Am ersten Tag sind wir entschlossen, alles schön und begeisternd zu finden. Aber wir blicken uns um, und die Gefühle sind gemischt. Wenn wir ausnahmsweise pauschal gereist sind, treffen wir als Erstes die Leute, die das immer tun. Beim vorgeschriebenen Begrüßungstreff stehen sie in zerknitterten Shorts um einen Reiseleiter im Anzug oder sitzen hufeisenförmig um eine geföhnte Hostess. Alle unausgeschlafen, alle um vier Uhr aufgestanden, jetzt aber zu hochprozentigen Begrüßungscocktails aus Feigen oder Sangria genötigt.
Wichtige Informationen über das Hotel und bekannte Sehenswürdigkeiten rauschen vorbei, dazu bereits – das ist tröstlich – erste Hinweise zur Rückreise. Werbeprospekte empfehlen Busausflüge zu Flamencoabenden, Bauchtanzgruppen und Fackeljongleuren, dreifach gezwiebeltes Hammel-Stifado inbegriffen. Dann noch ein bunt gedrucktes Anzeigenfaltblatt mit einem unleserlichen Stadtplan in der Mitte.
Alle sitzen dumpf da. Ein Wichtigtuer stellt Fragen, die anderen zerknirschen den Zuckerrand ihres Cocktails. Der Urlaub mag weitergehen, wie er will:

Paradiesisch kann er nach so einem Start nicht mehr werden.

Aber natürlich ist Ihnen das völlig fremd. Sie reisen nicht pauschal. Sie sind Individualist. Das Problem kenne ich. So stehen wir am ersten Tag allein vor dem Hotel und fragen uns, wie der Fotograf es geschafft hat, den Betonbau mit so viel Grün oder gar mit Meer und herangezoomten Bergen aufzunehmen. Und hat er vielleicht sonntags bei Sonnenaufgang fotografiert? Oder weshalb waren all die Autos nicht zu sehen, die sich jetzt brüllend vorüberwälzen?

Wir unternehmen einen Erkundungsspaziergang. Angeblich soll alles ganz nah sein. Aber die Altstadt liegt wohl doch woanders. Hier sieht alles mehr nach Gewerbe aus. Sexyland, Fixfoto, Original Irish Bar, ein Bürohaus mit bronzierten Scheiben. Manchen Ländern sollte man den Fortschritt einfach verbieten.

Vielleicht gehen wir besser in die andere Richtung? Wenn wir ans Meer gereist sind, erkennen wir nun, dass wir eine Weile fahren müssen, wenn wir nicht zwischen all den anderen Platz nehmen wollen. Wenn wir in den Bergen sind, fallen uns von fern die glitzernden Busse an der Talstation auf. Den lärmenden Inhalt werden wir oben treffen. Alles könnte so schön, alles könnte vollkommen sein! Es wäre ganz einfach! Warum ist es nicht so?

Oder haben Sie einen geheimen Ort in Schweden oder in der Provence, etwas Abgelegenes, das beinahe schon Ihnen gehört? Es gehört auch noch ein bisschen den Einheimischen, klar. Aber Sie sind schon so häufig da gewesen, dass man Sie dazu

zählt. Dreißig Kilometer, bevor Sie den Ort erreichen, fühlen Sie sich heimisch und sicher. Dann, bei der Einfahrt, beschleicht Sie eine leise Bangigkeit. Was bedeutet dieser Bauzaun? Und dieses Hinweisschild auf einen Großmarkt?
Der Empfang in Ihrer geheimen Pension hat sich verändert. Der Tresen glänzt jetzt rustikal poliert mit eingelassenen Halogenstrahlern im Schnitzwerk. Sind Sie erst zum dritten Mal hier? Dann erwartet Sie eine weitere Überraschung. Die Wirtin, die Sie im letzten Jahr so herzlich und mit persönlicher Wärme verabschiedet hat, erkennt Sie nicht wieder. Jedenfalls nicht gerade auf Anhieb. Oder sie hat das Geschäft wegen ihrer kalkigen Knie dem Sohn übergeben. Der will einiges anders machen. Vor allem mehr Geld verdienen.
Immerhin, Sie bekommen Ihr gewohntes Zimmer. Aber auch hier klebt jetzt ein Schild neben dem Badezimmerspiegel, dass Sie auffordert, Ihr Handtuch möglichst lange zu benutzen. Sie treten auf den Balkon. Ah, immerhin sind da die beruhigenden Fixpunkte der Landschaft. Den Berg wird man ja wohl nicht abreißen. Nur der Garten des netten alten Mannes ist verschwunden. Die Fläche ist betoniert und dient zwei Autos als Stellplatz. Das Motorengeräusch wird Sie morgen früh wecken.
Sie legen sich aufs Bett. Die Federn quietschen unverändert. Ein kleiner Seufzer. Willkommen im Paradies. Auch hier werden Sie es sich selber schaffen müssen.

Immer im falschen Hotel

Es gibt Nächte, da sind wir für die letzte Absteige dankbar. Etwa wenn wir auf gut Glück losgefahren sind, aber alle anderen haben gebucht, und nun ist kein Zimmer zu haben. Wir wollten in Granada übernachten, es ist aussichtslos. Nun entfernen wir uns immer weiter, die Hotels werden rarer, alles ist voll wegen irgendeines überflüssigen Nationalfeiertages. Schließlich fragen wir im letzten offenen Laden und landen im Hinterzimmer bei der kettenrauchenden Urgroßmutter.

Oder in Utah ist uns versichert worden, Motels gebe es an jeder Ecke, und dann fahren wir zwei Stunden und sehen nur Getreidesilos. Es wird Nacht, und endlich liegt da ein Motel, aber das ist belegt bis unters Dach, weil es das Einzige ist im Umkreis von hundert Meilen. Da sind wir froh, wenn uns an der Tankstelle ein räudiger Farmer mitlotst, und schließen dankbar die Augen in einem Verschlag mit Drahtmatratzen und einer hustenden Kuh hinter der Bretterwand.

Doch gewöhnlich sind unsere Ansprüche höher. Wir wollen ein sauberes, ruhiges Zimmer nebst ausgeleuchtetem Bad. Wir möchten aufs Meer sehen, wobei der Balkon bitte windstill liegt. Wir sind auch mit Blick auf den Park zufrieden, möchten allerdings nicht durch das Gröhlen von Betrunkenen wachgehalten werden oder vom Geschrei läufiger Katzen. Wir wollen die Stadt überblicken, aber wenn wir bei geöffnetem Fenster schlafen, möchten wir keinen Straßenlärm hören.

Natürlich dürfen andere Gäste da sein. Wir wollen ja kein leeres Hotel wie in »Shining«. Aber es wäre gut, wenn wir die anderen nicht allzu deutlich wahrnehmen müssten. Optimal, wenn es ein leeres Pufferzimmer gäbe zwischen uns und den anderen. Doch so etwas verlangen wir natürlich nicht. Schließlich sind wir ganz unkompliziert. Wir möchten uns einfach nur wohl fühlen.

Doch gerade das ist nicht einfach. Deshalb betreten wir jede Hotelhalle ein wenig beklommen. Fast jedes Foyer wirkt abweisend und übertrieben, und das Lächeln des Personals überzeugt nicht. An der Rezeption steht eine größere Gruppe lärmender Pauschaltouristen. Offenbar ist gerade die Schlüsselvergabe in Gang; sie schnappen uns die letzten Zimmer weg. Zweifellos Leute unter unserem Niveau. Lästig. Leute *über* unserem Niveau allerdings – über unserem finanziellen Niveau, das geistige ist unerreichbar – sind meist noch belastender.

Wir haben leider Zeit, uns umzusehen. Die Halle wirkt einigermaßen nobel. Erfahrung lehrt uns, dass das überhaupt nichts besagt. Foyer in Marmor und Gold, und oben auf den Fluren schimmelt die Tapete und die Kabel platzen aus den Wänden. Trotzdem: Wie kommt diese abgründige Busgruppe hierher? Zahlen diese johlenden Banausen den günstigen Herdentarif? Und wieso kümmert sich das gesamte Personal nur um sie? Wir warten in banger Ungewissheit.

Und die wird mitunter noch schlimmer. Wenn nämlich eine livrierte Dame kopfschüttelnd auf ihren Monitor blickt und tippt und sucht und schließlich fragt, wann wir denn gebucht hätten. Mit wem wir gesprochen hätten? Sie verschwindet nach hinten, diskutiert da lange, wir sehen es durch die Lamellen, jemand anderes starrt uns von dort an; dann kehrt sie achselzuckend zurück und bedauert.

Es gibt solche bitteren Momente. Meist gehen sie vorüber. Wir kriegen einen Schlüssel. Unvermeidlich wird ein Kofferträger herangewunken. Das Geld für ihn wollten wir eigentlich sparen, zumal wir nur Scheine bei uns haben. Wieso schimmert da eigentlich Arroganz durch seine aufgesetzte Freundlichkeit? Wofür hält er uns? Ganz einfach: Geben wir ihm zu wenig, hält er uns für Knauser, geben wir ihm zu viel, für Dummköpfe. Er lässt uns den Vortritt zum Fahrstuhl, oben im Gang folgen wir ihm.

Er schließt die Zimmertür auf. Ein Moment zwischen Furcht und Hoffen, ungefähr wie in der Kindheit beim Einlass zur Bescherung. Nur dass wir jetzt nicht mehr an den Weihnachtsmann glauben. Blitzschnell erfassen wir, dass die Aussicht direkt aufs Gewerbegebiet geht. Während der so genannte Boy uns erklärt, wie man das Licht einschaltet und den Wasserhahn aufdreht, überlegen wir bereits, wie wir das Zimmer tauschen können. Wir sollten uns vorsichtshalber noch nicht auf die Betten werfen. Kurz aufs Klo, klar, das muss möglich sein; den Hygiene vortäuschenden Papierstreifen klemmen wir anschließend wieder auf die Brille.

Das Zimmer hat Pauschalgröße. Es sieht aus wie alle anderen Zimmer in allen anderen Hotels dieser Kategorie: mit dem Fernseher auf der Minibar und der eingezwängten Sitzecke und dem Einbauschrank mit den diebstahlgesicherten Bügeln. Im Badezimmer das leidige Schild, das uns zur Umweltfreundlichkeit auffordert, in Wahrheit dem Hotel Geld und Arbeit ersparen soll. An der Klopapierrolle ist das aktuelle Blatt sorgsam eingefaltet; wir sollen wohl nicht ins Grübeln kommen, wer hier wann zuletzt etwas abriss und weshalb.

Wir prüfen die Matratzen. Egal wie sie sind, sie sind anders als zu Hause. Auch die Chipsreste unter dem Bett sind nicht unsere. Wir versuchen die Fenster zu öffnen, ohne uns von ihnen erschlagen zu lassen, oder stemmen die Balkontür auf. In der Regel wohnen wir nicht allzu weit von der Fritteuse. Fast immer tropft auch irgendetwas von oben, hoffentlich Wasser.

Aber nun sind wir schon mal hier und haben uns beinahe schon eingewöhnt, sollen wir uns die Mühe des Wechselns machen? Mit welchem Argument? Dass wir das hydraulische Ächzen des Fahrstuhls hören? Können wir behaupten, wir seien Reisereporter, spezialisierte Anwälte, Inhaber eines trendsetzenden Reisebüros auf Testfahrt? Aber kriegen wir dann überhaupt ein Wunschzimmer, etwa am Ende des Ganges, was im Falle eines Feuers ja auch nicht so günstig wäre, und in diesen Ländern weiß man nie?

Wir studieren den Grundriss des Stockwerks mit dem eingestrichelten Fluchtweg und beschließen zu bleiben. Die Wahrheit des Zimmers offenbart sich ohnehin erst bei Nacht, wenn wir in den Hitzestau der vollsynthetischen Bettdecken kriechen. Dann hören wir die Geräusche plötzlich überdeutlich und schmerzhaft vergrößert. In der Halle spielt immer noch dieser Mann am Klavier mit seinem stumpfsinnigen Schlagzeugcomputer. Der Lärm der Gäste an der Bar ist übermütiger geworden, es handelt sich wohl um eine Versammlung aus belobigten Vertretern. Vom Balkon aus haben wir vorhin noch Damen eintreffen sehen, die am Lob mitverdienen wollen.

Jetzt geht nebenan die Tür, der Schlüssel klickt dagegen, nun wird sie zugeknallt. Vielen Dank. Und richtig, schon rauscht die Klospülung. Dann wird der Fernseher eingeschaltet. Sollen wir der Einfachheit halber dasselbe Programm sehen? Oder leistet sich der Kerl drüben das kostenpflichtige Spezialprogramm? Über uns versammeln sich unterdessen die Pauschalreisenden zu einem kleinen Fest. Es ist immer schön, wenn andere Menschen heiter sind.

Oder liegen wir nur wach, weil die Betten im Fokus geballter Erdstrahlen stehen? Und wenn wir nun schlaflos bleiben, werden wir dann wenigstens als Allererste zum Frühstücksbuffet aufbrechen? Nein, wir werden gerädert im Morgengrauen einschlafen. Und werden unten erst eintreffen, wenn alles abgefressen ist.

Immerhin, es bleibt uns eine Hoffnung: dass das Auschecken schneller geht als das Einchecken. Ach ja, und wir können die Minipackungen Duschgel und Body Lotion aus dem Badezimmer mitnehmen und das Schuhputztuch. Dann haben wir schon mal kleine Geschenke. Für die beneidenswerten Daheimgebliebenen. Denen wir schon aus Rache vorschwärmen werden, wie toll das Hotel war.

Das Frühstücksbuffet

Stellen Sie zu Hause auch immer einen kleinen Mülleimer auf den Esstisch? Morgens zum Frühstück? Für mich ist das der Gipfel des Komforts. So bringe ich Urlaubsgefühl in den Alltag. Wenn Sie es noch besser machen wollen, schieben Sie außerdem ein paar silberne Warmhaltegefäße auf die Herdplatten. Im ersten lassen Sie Wasser mit gelben Flocken schmurgeln (»Rührei«), im zweiten ein paar gekräuselte Speckschwarten, im dritten kleine verkohlte Würstchen. Jeden Tag dieselben natürlich, essen wollen Sie das Zeug ja sowieso nicht. Nun noch eine Thermoskanne mit braunem Wasser. Merken Sie schon was?
Ja! Das ist es! Das Feriengefühl! Genauso haben Sie es jeden Morgen im Urlaub genossen! Das Frühstück vom Frühstücksbuffet! Okay, Sie hatten vielleicht noch einen Orangensaftspender im Speiseraum, so einen mit verklebtem Zapfhahn und Überlaufrost. Vermutlich gab es auch ballaststoffreiches Knäckebrot in recyclebarer Klarsichtfolie und fünferlei Getreideflocken in käferfreien Behältern.
Aber das Wichtigste war doch der Plastikmülleimer! Sie erinnern sich? Treu stand er vor Ihnen, ansprechend mit Blumenranken bedruckt und mit der Aufschrift versehen: »Für den sauberen Tisch«. War

es nicht ein ganz eigenes Vergnügen, ihn mit Plastiknäpfchen, Folien und Döschen zu füllen und mit nassen Teebeuteln und Käserinden? Und dann mit einer Serviette nachzustopfen, wenn er überquoll? Das schafft Ferienlaune!
Eigentlich gehört noch ein Nebenraum dazu, eine angelehnte Tür, hinter der ein Radio plärrt. Im Hotel sitzt dort immer das Personal und raucht. Zu sehen ist es nie, zumindest nicht während des Frühstücks. Allenfalls wenn Sie sich einen Platz am Fenster ausgesucht haben, schießt eine pikierte Schürzendame heran: »Dort bitte nicht hinsetzen, da wird für das Mittagessen eingedeckt!« Dann müssen Sie zu all den anderen, die Sie am Morgen eigentlich nicht sehen wollen, zu den Muffigen und Frustrierten, die um das Buffet herumschleichen und stumm ins Roastbeef stechen. Entgehen können Sie dieser Fron nur in teuersten Nobelresidenzen oder in winzig kleinen Pensionen.
In allen gewöhnlichen Hotels finden Sie die so genannten Komfortbuffets, links und rechts flankiert von je einem Ficus benjamini oder begleitet von Efeu aus Weichplastik, der sich an der Decke entlanghangelt. Die Chromarganplatten, die wichtigsten jedenfalls, sind meist schon geleert, wenn Sie eintreffen. In dem geflochtenen Korb in der Form eines Huhns haben sich morgens gegen sechs Uhr frisch gekochte heiße Eier befunden; jetzt bleiben Ihnen noch drei steinerne kalte Exemplare. Käsescheiben grüßen aus der Plastikfolie. Oder sind ausgepackt und biegen die Ränder Hilfe suchend nach oben. Wurstlappen sind mit einer Garnitur

aus Gürkchen geadelt. Die Butter schwimmt hartleibig in der Eiswürfelschale.

Entscheiden Sie sich, sonst gehen Sie leer aus! Die Dame neben Ihnen angelt mit der Gabel in der Kompottschüssel. Der Schöpflöffel ist unwiderruflich auf den Boden gesunken. Früchtequark? Auch lieber nicht. Ihr tatteriger Vorgänger hat versehentlich seine Knäckekrümel darüber gestreut. Plötzlich Düsenlärm. Steht Ihr Hotel etwa doch neben dem Flughafen? Nein, keine Aufregung, da hat nur jemand die Frischkornmühle in Betrieb genommen. Ah, und da sind die so genannten Bains-Maries mit den lauwarmen Resten verkochten Plunders. Den Deckel zurückschieben, in das braune Geblubber sehen und still danken. Vielleicht finden Sie noch etwas Brauchbares im durchwühlten Brötchenkorb? Etwa die eingeschweißten Pumpernickelscheiben? Sie brauchen schließlich etwas zum Füllen Ihres Tischmülleimers.

Sie beäugen die Marmeladen auf dem Holztablett, jede in einem großmütterlichen Einmachglas, die Löffelgriffe sortentypisch verklebt. Aber komisch, was macht denn die Krabbe in der Stachelbeer-Kiwi-Marmelade? Und viel wichtiger: Woher kommt sie? In greifbarer Nähe entdecken Sie lediglich Makrelen. Die leere Platte mit Zitronenscheibchen und Petersilienresten könnte Lachs enthalten haben. »Haben Sie noch Krabben?«, rufen Sie einem durcheilenden Angehörigen des Personals nach. Kopfschütteln, bedauerndes Lachen. Zu spät. Am anderen Ende werden schon scheppernd die Platten abgeräumt. Rasch, greifen Sie zu!

Oder, halt, lauschen Sie mal: Na? Ja, da nähert sich aus fernen Gängen bereits der endgültige, der unwiderrufliche, der panisch gefürchtete Staubsauger. Und nun schwärmt Personal ein. »Benötigen Sie noch etwas vom Frühstücksbuffet?« Eigentlich ja! Also, dann packen Sie schnell ein paar halbe Camemberts ein, raffen Sie Schinkenscheiben, Äpfel, Verdauungspflaumen, wickeln Sie Brötchen in Servietten und schmuggeln Sie das Ganze raus. Irgendwo auf einer Parkbank werden Sie ganz in Ruhe frühstücken können. Das sind nämlich keine Penner, die Sie an Ihrem Urlaubsort überall unter den Bäumen mampfen sehen. Das sind Gäste wie Sie. Gäste aus Hotels, die vom Gipfel des Komforts profitieren: vom Frühstücksbuffet.

Die Stadtrundfahrt

Wissen Sie, was eine Guided Tour ist? Wenn nicht, leben Sie noch im Paradies. Aber Sie wissen es. Sie haben alles mitgemacht. Das Warten auf den Bus, der um zehn kommen sollte, nun aber noch in entlegenen Hotels die Gäste einsammelt. Bei seinem Eintreffen sind die Scheiben beschlagen vom Atem all der bedrückten Mitfahrer, die ebenfalls diese Tour gebucht haben.

Man hat Ihnen versichert, heute werde es nicht so voll, nun kriegen Sie nur noch einen Platz ganz hinten. Immerhin sind Sie dort der so genannten Bordtoilette nah und der Kiste Bier, die der Fahrer im Notausgang festgezurrt hat. Vorne, verschwommen erkennbar durch den Dunst der Passagiere, ergreift eine einheimische Führerin das Mikrofon und fragt etwas. Aus dem allgemeinen Schweigen schließen Sie, dass es sich um die Frage handelte, ob alle sie verstehen.

Der Bus wühlt sich in den Verkehr. Die bebrillte Führerin schnallt sich an einem der vorderen Sitze fest und leiert in vier bis fünf unidentifizierbaren Sprachen Geschichtsdaten und Gebäudenamen herunter. Sie versuchen, die Route auf dem Stadtplan zu verfolgen, um wenigstens andeutungsweise zu erfahren, worum es geht. Doch entweder ist der Bus unbemerkt abgebogen, oder der Stadtplan

stimmt nicht. Allenfalls, wenn eine Brücke überquert wird und darunter schäumt ein Fluss, gewinnen Sie für kurze Zeit die Orientierung zurück.
Die Führerin spult ihr Programm ab. Der Lautsprecher scheppert. Ausschnitte von Fassaden treiben vorüber. Das Parlament. Die Kathedrale. Der Westbahnhof. Markthallen. Ein Fernsehturm. Der alte Friedhof. Das Geburtshaus des Komponisten oder Nationaldichters. Der barocke Brunnen, zur Zeit unter Holzverschalung. Sie bekommen nur bruchstückhafte Eindrücke, weil Sie wieder mal auf der falschen Seite sitzen. Und wenn Sie, wie beim Standbild des ersten Präsidenten, zufällig richtig sitzen, wälzen sich die Bäuche von Mitreisenden über Sie, um aus Ihrem Fenster zu fotografieren.
Am Heldendenkmal hält der Bus. Hier gibt es Imbissbuden und Andenkenstände. Zehn Minuten Pause. Händler mit Ziehharmonikapostkarten, Tüchern, Kappen, Taschen und T-Shirts mit Stadtwappen verhindern das Aussteigen. Von der Mauerbrüstung hätten Sie sonst den berühmten Panoramablick. Die Busladung vor Ihnen fotografiert gerade.
Gleich sind Sie dran. Der nachfolgende Bus lässt bereits die Bremsen zischen. Ihre Führerin gibt eine verworrene Erklärung ab. Sie lauschen den Wortfetzen aus der Nachbargruppe. Warum nur sind Sie nicht mit *der* gefahren? Ja, da spricht ein intelligenter Tour Guide! Sie schleichen hinüber und stellen sich an den Rand. Man mustert Sie misstrauisch. Dem Guide ist es egal, aber die ande-

ren mögen keine Eindringlinge. Als Sie sich umdrehen, ist Ihre eigene Gruppe verschwunden.

Wie war das noch: Wenn Sie zu Ende fotografiert haben – leider ist heute die Sicht ungewöhnlich trübe –, dann sollen Sie die paar Kilometer zum großen Parkplatz zu Fuß gehen. Da wartet Ihr Bus. Inzwischen hat es zu regnen begonnen. Das ist selten zu dieser Jahreszeit, aber heute ist es so.

Wie sah Ihr Bus eigentlich aus? Blau, silbern, dunkelgrün mit Rallyestreifen? Leider haben Sie sich den Fahrer nicht gemerkt. Gehören nicht diese Leute beim Jojo-Verkäufer zu Ihrer Gruppe? Dann könnten Sie sich anschließen. Oder der dicke Mann mit dem Stock? So einen kann man sich wenigstens merken. Die Führerin ist nicht zu sehen. Sie raucht hinter einem Baum oder treibt im Schnellrestaurant kauende Imbissgäste zur Eile.

Eine halbe Stunde später werden alle wieder in der gewohnten Formation beieinander sitzen. Nein, doch nicht alle. Beim Durchzählen fehlen ein paar. Macht doch nichts, rufen alle, fahren Sie los! Aber die pflichtgraue Führerin steigt aus und beginnt zu suchen. Haben Sie etwas zu lesen mit? Gut. Sie werden es auf jeden Fall brauchen, wenn der Bus auf der Rückfahrt jedes Hotel gesondert ansteuert. Oder falls Heuchler anbiedernde Fragen stellen.

Als die Führerin sich von ganzem Herzen für das Interesse der Gruppe bedankt, brandet erleichterter Beifall auf. Nun nur noch an ihr vorbei. In die Tasche greifen und Lösegeld zahlen. Oder sich mit einem lügnerisches Kompliment davonstehlen. Und ausgelitten. Es ist vollbracht.

Unverdauliche Landesspezialitäten

Es soll Leute geben, die verlangen immer nur Wiener Schnitzel. Die wollen auch auf Reisen partout nur das essen, was sie von zu Hause kennen. Sie lassen sich nicht auf das Fremde ein. Sie probieren niemals die echten, unverfälschten Spezialitäten des Landes. Sie wünschen sich Bratkartoffeln in Marokko, Weißwürste auf Island und Karbonade in Tibet. Solche Leute gibt es. Ich weiß es, denn ich gehöre dazu.
Ja, genau, ich will Schnitzel. Oder wenigstens Spaghetti oder Pizza. Es gab Zeiten, in denen habe ich Risikofreudigkeit geheuchelt. Ich habe sie hinter mir. Jetzt verspüre ich keine Lust mehr auf klein geschnittenen Gummischlauch in schwarzer Suppe, auch wenn das »Pulpo in sua propria tinta« heißt und an bemitleidenswerten Mittelmeerküsten total landestypisch ist.
Ich will nicht all die scheußlichen Heringsvarianten des Nordens probieren, schon gar nicht den eingelegten Strömling, mag auch die Marinade von den Wikingern erfunden sein; genauso vergammelt riecht sie auch. Und vor allem lege ich keinen Wert auf all den gekochten Schwartenspeck, die ausgefransten Innereien, die umgedrehten Magenwände, in Streifen geschnittene Kutteln und klein gehackte Lungenflügel und Bregen im ganzen Stück. Denn

geben wir es doch zu: Das sind die Landesspezialitäten.

Wo immer wir hinkommen und egal, wie exotisch die Namen dafür sind: Die Landesspezialitäten sind immer derb, immer grob, immer bäurisch. Sind Ausschussware. Ihr ursprünglicher Sinn war die Sättigung der Knechte und armen Leute. Knechte gibt es nicht mehr. Die armen Leute sind am Tourismus reich geworden. Was sie nicht mehr essen müssen, dienen sie jetzt den Reisenden an. Die verlangen sogar danach, weil sie das Land ganz echt und unverfälscht und wie ein Einheimischer erleben wollen. Oder sie fallen zumindest darauf herein.

Sind Sie etwa nicht reingefallen? Aber klar. Sie haben doch garantiert auch mal Sopa Mallorquina bestellt, so als kleines harmloses Süpplein vorweg. Und dann kam da eine Riesenschüssel voll eingeweichtem Brot und Kohl. Als Sie darin herumrührten, haben Sie zu Ihrem Schrecken zottelige Schwabbelstücke entdeckt, die nur aus dem verschlungenen Inneren eines verendeten Borstentiers stammen konnten. Tja, und dann mussten Sie da ran. Niemand zwang Sie. Aber Sie haben die Schüssel keineswegs nach anderthalb Bissen zurückgehen lassen, was dem dringenden Wunsch Ihres Magens entsprochen hätte, sondern Sie waren lieber tapfer oder vielmehr feige. Sie wollten den Wirt nicht beleidigen, der freundlich lächelte und Sie beinahe schon als echtes Mitglied in seine mallorquinische Großfamilie aufgenommen hatte. Deshalb haben Sie gelöffelt und bei jedem Löffel gedacht: Nie wieder.

Sehen Sie. So ist es mir auch gegangen. Ich bin mal der Empfehlung eines verlogenen Reiseführers gefolgt und habe in einem feinen Restaurant in der Toskana »Tripa alla fiorentina« bestellt. Ich wusste nicht, worum es sich handelte, und beherrschte zu wenig Italienisch, um es mir erklären zu lassen. Vermutlich hätte ich die Erklärung auch auf Deutsch nicht verstanden. Denn ich habe nie bei einem Schlachtfest zugesehen und weiß deshalb nicht, was übrig bleibt, wenn alle wertvollen Stücke abtransportiert sind. Aber das, was übrig bleibt, das kommt rein in die »Tripa alla fiorentina«, das weiß ich jetzt.

Ich habe genau das gemacht, was Sie mit Ihrer »Sopa Mallorquina« gemacht haben. Ich habe das Flüssige abgelöffelt, damit es keinesfalls so aussah, als hätte ich nichts gegessen, und habe alles Wabbelige übrig gelassen. Und anschließend habe ich genau wie Sie behauptet, es habe einfach phantastisch geschmeckt, nur sei ich so riesige Portionen nicht gewöhnt. »Multo bono, aber einfach too much«, wie man dankend auf Italienisch sagt.

In meiner friedliebenden Offenheit für alles Andersartige habe ich im Jahr darauf in Brügge die Spezialität »Flaamse Hutsepot« bestellt. Ich möchte Ihnen nicht den Appetit verderben. Wenn Sie sich in Kappadokien zu Tisch gesetzt haben, völkerverbindend dem Gastgeber zulächelten und erst nach dem dritten Fleischklops darüber informiert wurden, dass es sich um Hammelhoden handelte, wissen Sie, wie mir zumute war.

Nein, es lohnt sich nicht, mutig zu sein. Es zahlt

sich nicht aus, um des Weltfriedens willen gebackenes Lämmerhirn und frittierte Gänsefüße zu essen oder die unverdaulichen Bohnengerichte aller unendlichen Bohnenländer dieser Welt. Als Reisende sind wir ohnehin entschuldigt. Unser Körper verweigert den Dienst. Es ist stets das erwärmte Pappmaché auf dem Hinflug, das unseren Organen das Signal gibt, fortan jegliche Verdauungstätigkeit einzustellen. Egal, wie viele Faserstofftabletten wir im Laufe der Reise mit reichlich Wasser hinunterspülen, diese Tätigkeit wird bis zum Rückflug nicht wieder aufgenommen. Es sei denn anfallsartig, wenn wir in Bengalen oder Sri Lanka eine Spezialität probiert haben.

Also, Schluss damit! Wiener Schnitzel, bitte. Spaghetti, Pizza, ein gut durchgebratenes Steak. Und bloß kein landestypisches Dessert danach! In Dänemark habe ich mal vierzehn Tage lang nach der im Reiseführer gepriesenen, angeblich berühmten Köstlichkeit »Gasebryst« gefahndet. Niemand verstand, was ich wollte. Ich schrieb das Wort auf einen Zettel und hielt ihn allen Kellnern unter die Nase. Keiner kannte »Gasebryst«. Bis am Ende jemand darauf kam, einen Kringel über das »a« zu malen und aussprach: »Gohsebryst! Ja, das können Sie haben!« Dann kam ein matschiger Windbeutel.

Nein. Nie wieder. Und der ganze honigzuckersirupsüße Klebkram im Süden! Haben Sie sich mal gefragt, warum die Leute jenseits der dreißig da alle so zahnlos lächeln? Eben, eben. Und mal unter uns: Würden wir denn ausländischen Touristen unsere heimischen Spezialitäten zumuten? Labs-

kaus, Buletten, Saumagen oder Birnen, Bohnen und Speck?
Na, also. Heucheln wir nicht. Beleidigen wir nach Herzenslust unsere Gastgeber. Das ist bekömmlich. Das schmeckt.

Ich bin kein Tourist

Finden Sie es auch schrecklich, wie manche Leute sich als Touristen benehmen? Wir auch, meine Frau und ich. Deshalb ziehen wir es vor, im Ausland so wenig wie möglich aufzufallen. Wir finden es angenehmer, wenn man uns für Einheimische hält. Deshalb habe ich im Café immer eine landessprachliche Zeitung auf dem Tisch liegen: »El Pais« oder »La Stampa« oder »Le Monde«, je nach Urlaubsort. Gewiss, ich kann darin höchstens die Namen der deutschen Politiker lesen, aber erstens sind die immer sehr interessant, und zweitens habe ich den Eindruck, diese Tarnung hilft. Ich fühle mich von den Einheimischen aufgenommen und akzeptiert. Und ich werde nicht von Deutschen angesprochen und nach dem Wetter in Berlin oder München gefragt.

Wenn ich allein eine fremde Stadt ansehe, sagen wir Porto oder Madrid, passe ich mich ungezwungen dem Schritt der Einwohner an und gehe möglichst rasch und entschieden. Genau wie jemand, dem alles hier geläufig ist und der wahrlich Besseres zu tun hat, als nach barocken Kathedralen oder Azulejos Ausschau zu halten. Ich möchte nicht diesen suchenden Blick aufsetzen, der sofort den Touristen entlarvt und Postkartenverkäufer und Diebe anlockt.

Zugegeben, diese Taktik hat mir schon manches Ungemach eingetragen. Aber die Sache ist es wert. Aus Liebe zu den Einheimischen schreite ich nämlich auch dann wie ihresgleichen aus, wenn ich den Weg nicht weiß. Und das ist meistens der Fall. Aber meinen Sie, ich zücke an der nächsten Ecke den Stadtplan oder fange gar an, im Reiseführer zu blättern? Bestimmt nicht; das wäre ja demaskierend! Wenn ich überhaupt einen dieser entlarvenden Reiseführer habe, halte ich ihn immer so, dass niemand die Aufschrift lesen kann und studiere ihn im Schatten von Hauseingängen.

Auf diese Weise bin ich schon in sonderbare Stadtviertel geraten und könnte einiges sagen über Athen oder Budapest, wie es keiner kennt. Und wie es bestimmt auch keiner kennen lernen möchte. Schweigen wir davon. Berühmte Sehenswürdigkeiten betrachte ich jedenfalls nur, wenn ich mich unbeobachtet fühle, und auch dann nur verstohlen. Falls gerade eine Gruppe Deutscher vor einem Renaissancepalast aus dem Bus quillt, gehe ich achtlos vorbei, um zu signalisieren, dass ich diesen Palast jeden Tag sehe. Das trägt mir bewundernde Blicke ein und gibt ein herrliches Überlegenheitsgefühl!

Oder sagen wir: Früher war das so. Früher wurde ich immer für den perfekten Ureinwohner gehalten, besonders in Peking und Nairobi. Seit meine Frau mitreist, ist es schwieriger geworden. Ich darf mich nicht mehr perfekt tarnen. Sie möchte, dass wir in Chartres ankommen und nicht Richtung Lille abdriften. Sie will den Petersdom sehen und nicht in einer Sozialsiedlung der Vorstadt landen.

Schade eigentlich. Ich bin da spontaner, offener. »Mich interessiert auch der Alltag in der Fremde«, erlaubte ich mir zu bemerken, als wir vor einem Schlachthof in Prag standen, genau genommen war es schon etwas außerhalb Prags. Meine Frau hat nicht so interessiert reagiert. Vielmehr hat sie die demütigende Gewohnheit angenommen, Passanten nach dem Weg zu fragen. Besonders wenn sie das Gefühl hat, wir hätten uns verirrt. Und das hat sie öfter, sogar in Deutschland, wo ich mich glänzend auskenne. Leider sind ja häufig die Strecken völlig falsch ausgeschildert. Und ebenso häufig kann meine Frau die Karte nicht richtig lesen. So irre ich oft als Opfer fremder Fehler durch Vorstadtstraßen, vorbei an Gasometern und Gewerbehöfen. »Wollen wir nicht doch jemanden fragen?«, schlägt meine Frau dann vor. »Nein!«, sage ich souverän. »Ich weiß schon.«

Ich habe mir diesen männlichen Orientierungssinn aus der Zeit der Jäger und Sammler bewahrt. Nur wenn wir schließlich in der Stichstraße einer Schrebergartenkolonie stecken und einfach nicht mehr weiterkommen, halte ich an. Fußgänger starren ins Fenster, zögern, wollen stehen bleiben. Aber erst wenn ich mich davon überzeugt habe, dass der Stadtplan falsch gedruckt ist, gestehe ich zu, dass die Fenster heruntergelassen werden. Ja, und dann lässt meine Frau sich den Weg erklären. Es ist immer wieder bitter. Als einheimisch gelten wir dann nicht mehr.

Naja, und seit die Kinder mitreisen, oder vielmehr seit sie sprechen können, überzeugt auch der Trick mit der fremdsprachigen Zeitung nicht mehr so gut. Seit ich trotz »Il Giornale« vom Nachbartisch mit einem hemdsärmeligen »Guten Morgen« begrüßt wurde, kaufe ich wieder das Blatt, in dem ich die Witze verstehe. Ich muss zugeben, insgesamt ist das Reisen entspannter geworden. Obwohl ich kein Tourist bin, zumindest kein typischer. Nein, das bestimmt nicht.

Leihwagen mit Vollkasko

Mit dem Auto im Urlaub: Das bedeutet Unabhängigkeit. Jedenfalls wenn man so souverän fährt wie Sie oder ich. Ich brauche Ihnen nichts zu erklären. Wenn Sie auf den löchrigen Serpentinen Perus unterwegs sind, prüfen Sie regelmäßig die Radmuttern. Wenn Sie in Pakistan Flüsse durchqueren, verlängern Sie Auspuff und Ansaugrohr per Schlauch über die Wasserlinie und montieren ein Brett vor den Kühler. Bei einem Sandsturm in Patagonien wenden Sie das Wagenheck rasch gegen die Windrichtung, um den Motor vor Versandung zu schützen. Die amazonischen Morastpisten durcheilen Sie auf Schneeketten. In der Äußeren Mongolei haben Sie immer einen großen Spiegel dabei, um bei einer Panne die Aufmerksamkeit der Flugzeuge auf sich zu lenken. Und falls Sie in der Sahara liegen bleiben, übergießen Sie den Reservereifen mit Sprit und zünden ihn an; das gibt die beste Rauchsäule. All das wissen Sie. Das haben Sie schon hundertmal gemacht.
Aber es gibt auch schwierige Situationen beim Fahren im Ausland. Wirkliche Herausforderungen. Ich meine etwa das Anzapfen einer Tanksäule in Griechenland. Das Deuten von Verkehrszeichen in Ungarn. Oder, doch das gehört schon zu den unlösbaren Problemen, die Konfrontation mit einem

Rentnerehepaar im geliehenen Ford Ka auf einer mallorquinischen Gasse. Da stehe ich jetzt. In meinem Leihwagen. Immerhin kann ich wenigstens Parkposition und Rückwärtsgang unterscheiden.
Ich miete Leihwagen, seit ich in Portugal die drei Steinchen am Straßenrand übersehen habe. Ist Ihnen das auch passiert? Drei aufeinander gelegte Steine am Straßenrand bedeuten in Portugal: Gefahrenzone, gleich ist die Straße zu Ende, da kommt nur noch eine ganz tiefe Bruchkante. Naja, und wenn man das nicht weiß oder die Steine gar nicht erst sieht, sitzt man drauf auf der Kante. Und Schluss. Ein Jahr später bin ich in Irland auf einen Sleeping Watchman gekracht, auch Speedbreaker genannt. Sie wissen? Diese Steinschwelle über die ganze Breite der Fahrbahn. Wer bei Nacht nicht weiß, wo da so eine Schwelle den Speedbreaker mimt, besitzt im Morgengrauen weder Achsen noch Federung.
Endgültig zum Leihwagen übergegangen bin ich jedoch, nachdem ich per Auto in eines unserer liebsten Nachbarländer einreiste und per Bahn zurückkehrte. Eigentlich hatte ich nur eine kurze Pause eingelegt, in menschenleerer Gegend, und war nur ein Stück ins Wäldchen gepilgert. Sie wissen: unberührte Wildnis, nie ist jemand da gewesen, aber kaum geht man zehn Meter ins Gehölz, liegt überall zweckentfremdetes Zeitungspapier. Ich bin etwas weiter gegangen, und als ich zum Auto zurückkam, war es nicht mehr da.
Seither nutze ich Leihwagen, und zwar auf Vollkasko, ohne die geringste Selbstbeteiligung. Die

rentiert sich nie. Zwar fahre ich souverän, aber die anderen nicht. Ist Ihnen das auch schon aufgefallen? Dass in fremden Ländern die Einheimischen grundsätzlich nicht Auto fahren können? Entweder rasen sie völlig verrückt wie rund ums Mittelmeer oder schlafen am Steuer ein wie in Nordamerika. Und die anderen Touristen in ihren Leihkutschen trauen sich nicht, auf die Tube zu drücken. Oder können mit dem ungewohnten Gefährt nicht wenden, weshalb es bei der An- und Abfahrt auf Kap Formentor immer wieder zu Zusammenbrüchen kommt.

Oder zu kleinen Karambolagen, für die man eben Vollkasko braucht. Ich persönlich benötige dazu übrigens gar keine anderen Verkehrsteilnehmer. Mir reichen die Poller auf den Tankstellen Kastiliens, die aus dem Fondfenster nie zu sehen sind, damit man gefälligst beim Zurücksetzen dagegen semmelt. Oder die Hydranten in den USA, neben denen man immer einen Parkplatz findet und die beim Ausparken so niedliche rote Streifen im Lack hinterlassen. Oder der Linksverkehr in England, etwa auf den herrlichen Landstraßen Cornwalls. Während sich hinter mir der Verkehr staut und meine Frau das tibetische Mantra »Lass dich nicht hetzen!« murmelt, schramme ich mit der windabgewandten Seite an Hecken und Grenzsteinen entlang. Kenner nennen das: akustische Kontrolle der Fahrbahnbreite. Die ist zuverlässig, aber man braucht dazu Vollkasko.

Na, und manchmal kommt es auch zu gefährlichen Begegnungen mit anderen Fahrern. Wie jetzt. Ich stehe in einer engen Gasse des schönen Städchens Soller. Seit einer Stunde, genau wie das Ehepaar gegenüber und die Leute hinter denen und hinter mir. Ich nutze die Zeit und schreibe dieses kleine Kapitel auf meinem Laptop. Gleich beame ich es per Handy in den Verlag. Wenn Sie es lesen, werde ich immer noch hier stehen. Denn ich genieße den Urlaub im Auto mit voller Kasko und totaler Unabhängigkeit.

Die lästige Kultur

Hand aufs Herz. Sie hassen es. Das Kulturprogramm. Sie hassen die Sehenswürdigkeiten. All die öden Burgen, Kirchen und Museen. Diese Denkmäler für längst vergessene Eroberer, diese Reste irgendwelcher Tempelanlagen oder antiker Brunnensysteme, die Ruinen, Festungstürme, Pyramiden, die steinernen Grabplatten für vermoderte Äbte, die düsteren Altäre, all die Schlösser mit ihren endlosen Zimmern voller Plunder, die Museen mit ihren einschläfernden Bildersälen, die stupiden Mosaiken und bleichen Fresken, die eingerüsteten Kirchenfassaden, eine wie die andere, aber immer schön hochstarren, und obendrein noch Komponistenhäuser, Dichterzimmer, Krönungssäle, Ratsherrenstühle, Taufbecken, Grüfte voller steinerner Königspaare, an denen man im Gänsemarsch vorbeigelotst wird.

Wie grauenhaft ist das alles, wie quälend! Und doch sehen wir uns alles an. Wir stehen morgens an der Kasse für die Führung am Nachmittag, aber kaum haben wir dann das erste Zimmer aus Plüschtapeten und Dackelfransen betreten, wünschen wir uns sehnlichst, die Besichtigung möge schnell zu Ende sein. Und schleppen uns hinter dem Führer her und möchten jeden meucheln, der da mit streberhaftem Interesse eine Frage stellt.

Geht es Ihnen etwa anders? Es geht Ihnen genauso. Es kann höchstens sein, dass Sie es nicht zugeben mögen. Weil Ihnen eingebimst worden ist, dass Kathedralen und Kaiserpfalzen unglaublich interessant seien. Und weil Sie befürchten, dass man Sie nach Ihrer Rückkehr zur Rede stellt: »Wieso, ihr wart in Madrid und seid nicht im Prado gewesen? Wie bitte?! Das darf doch nicht wahr sein!«

Denn Ihre scheinheiligen Freunde geben immer damit an, dass sie irgendeine frühchristliche Basilika so total schön fanden. Und Ihre geschiedene Bekannte behauptet: »Die Atmosphäre in der Scuola San Rocco fand ich ja einmalig, also, das ist was ganz Besonderes! Kennt ihr die? Die Scuola San Rocco?« Nee, kennen Sie nicht. Wollen Sie auch nicht kennen lernen. Aber jetzt müssen Sie natürlich mit einer ebenbürtigen Lüge kontern. Oder irgendwas über Tintoretto zum Besten geben. So geht das Spiel. Und weil wir da mitmachen wollen, sehen wir uns den ganzen Krempel an. Deswegen klappern wir ab, was die Führer vorschreiben.

Wie, bei Ihnen ist das ein bisschen anders? Sie haben so genanntes echtes Interesse? Na, kommen Sie. Wir sind hier unter uns. Von Siena haben Sie doch nichts in Erinnerung. Allenfalls den Platz, und auch den nur, weil Sie sich nach all dem gotischen Pflastertreten endlich mal hinsetzen konnten. Weil Sie da in Ruhe Eis löffeln durften. Und weil das Rathaus ganz einfach nur dastand, stressfrei und kostenlos. Sie brauchten nicht mal den interessierten Blick aufzusetzen.

Leider haben Sie dann den Stadtplan herausgenommen und entsetzt festgestellt, dass da immer noch ein paar Klöster und Kaufmannstreppenhäuser auf Ihr Häkchen warteten. Und Sie haben Ihre Begleitung angestarrt und Ihrer beider Blicke besagten: »Müssen wir da etwa noch hin?« Und dann ist Ihnen etwas eingefallen wie: »Man soll ja auch nicht zu viel machen.« Und Ihrer Begleitung: »Sonst überlagern sich die Eindrücke, das wäre auch schade.«

Ja, genau, das wäre schade, Sie Heuchler. Weil Sie auf der Piazza zwar gerade noch wussten, wer der Dombaumeister von Siena war, aber von Arezzo, wo Sie am Tag davor waren, wussten Sie es schon nicht mehr. Nicht, weil sich die Eindrücke überlagerten. Sondern weil Sie dieser Kram sowieso nie interessiert hat. Weil Ihr Gehirn, genau wie meines, etwas Besseres zu tun hat, als sich die Namen von Kanzelbildhauern und Kreuzigungsschnitzern zu merken.

Reden wir nicht darum herum. Sie wollen eigentlich nur essen, trinken und relaxen. Natürlich nicht ballermannmäßig, sondern mit Kultur verbrämt. Geht mir doch auch so! Wir sind unter uns! Das einzig Gute an der Alhambra sind die paar Brunnen zum Füßekühlen und der Garten fürs Nickerchen, stimmt's? Und das Beste am Louvre sind die geschlossenen Säle. Und natürlich die Klos in der karg besuchten Antikenabteilung. Und bei Schlossbesichtigungen interessieren uns doch allenfalls die Schlafzimmer, weil wir uns vorstellen, wie wir jetzt schlafen, statt uns bildungshuberisch

belehren zu lassen. Aber das Schönste ist überall und immer der Ausgang.
Ach ja, und in Kathedralen? Was ist da das Schönste? Na, das wissen Sie besser als ich! Denn Sie waren das doch neulich, in einer der hinteren Bänke, emsig schmausend! Ab und zu haben Sie den Kopf gereckt und emsig Interesse für die Deckengemälde vorgetäuscht. Aber Ihre eigentliche Aufmerksamkeit galt dem Fresspaket, das Sie wie einst in der Schule zwischen den Knien verbargen. Ja, ich habe alles gesehen. Und ich habe mich gefragt, ob Sie sich vorher im Weihwasserbecken die Hände abgespült haben.
Schweigen wir davon. Ich war derjenige, der auf einen dieser Münzautomaten zuging, auf eine dieser Lichtmaschinen. Jawohl, ich war es, der ziemlich lässig eine Münze eingeworfen hat, woraufhin die Scheinwerfer aufstrahlten und eine bis dahin düstere Tizian-Himmelfahrt in gleißendes Licht hüllten. Erinnern Sie sich, wie da auf einmal aus allen dunklen Ecken der Kirche die geizigen Besichtiger herbeieilten? Die nur auf jemanden wie mich gewartet hatten?
Sie erinnern sich. Denn Sie selbst haben sich heillos verschluckt, weil Sie diesen Moment auch nicht versäumen wollten. Sie haben erbärmlich gehustet, während ich ganz entspannt weitergegangen bin. Ein ranziger Tizian interessiert mich nicht. Mir macht es nur Spaß, für einen Euro die Leute springen zu lassen. Leute, die sich übrigens allesamt nicht für Tizian interessieren. Aber die alle so tun.

Das ist der Unterschied: Ich tue nicht so. Und Sie nächstes Mal auch nicht. Und wenn ich Sie dann wieder ertappe mit Ihren halb geschmolzenen Schokokeksen hinterm Taufkessel, dann reiche ich Ihnen ein Tempotaschentuch, und Sie geben mir als Dank etwas ab, in Ordnung? Gut. Und dann reden wir ein Wort über Kultur.

Am Pool

Wenn Sie demnächst gegen zehn an Ihren Hotelpool kommen und auf Ihrer Lieblingsliege flegelt sich ein Handtuch, dann kann ich Ihnen versichern: Meines ist es nicht. Ich mache so etwas nicht. Nicht mehr. Sie werden mich auch nicht in der Grotte der Düfte treffen oder nach Luft schnappend unter dem Wasserfall. Ich tapse nicht über die Luftbodensprudler, kämpfe nicht gegen die Gegenstromanlage und hänge meinen Bauch nicht vor die Massagedüsen.
Ich bin überhaupt nicht am Pool. Vorbei. Es hat eine Zeit gegeben, da war es mein höchster Ehrgeiz, gleich nach der Anreise durch exakte Berechnung von Sonnenbahn und Schattenfall die günstigsten Liegen zu ermitteln. Gegen zwei Uhr nachts, als Sie vielleicht schlaflos auf den Balkon traten und den Sternenhimmel bewunderten, huschte ich tief unter Ihnen gespensterhaft durchs Pool-Areal und markierte zwei Super-Liegen. Denn meine Frau und ich frühstücken gern lang.
In Notfällen, wenn ich den fürs Handtuchlegen gestellten Wecker überhört hatte, musste ich auch schon zu dem kleinen Trick greifen und Ihr persönliches Handtuch von einer Liege entfernen und durch meines ersetzen. Ihres habe ich dann als Fundsache beim Pförtner abgegeben. Sie haben es

bestimmt wiederbekommen. Im fortgeschrittenen Stadium habe ich mich dann mit dem Nachtportier angefreundet, demjenigen mit den beiden geifernden Hunden, und habe ihm einige Münzen für seine zwölfköpfige Familie gespendet. Er hat mir dann die Liegen markiert und bis zum Morgen gegen abgefeimte Konkurrenten verteidigt.

Es ging mir einfach um die beste Pool-Position. Jeder weiß, dass das Verhältnis von Gästen zu Liegen grundsätzlich zehn zu eins ist. Die Hotelbetreiber glauben, dass niemals alle Gäste gleichzeitig am Pool sind. Das stimmt auch. Aber diejenigen, die auf Tagestouren zu irgendeiner Tempelruine oder Karawanserei unterwegs sind, in jenem staubigen Land, dessen Grundwasserspiegel zugunsten des Pools abgesenkt wurde, diese Touristen verzichten natürlich nicht auf ihre reservierten Liegen. Auch in Abwesenheit muss das Gewohnheitsrecht gewahrt bleiben, damit nicht ein fremder Eindringling neue Besitzverhältnisse schafft. Deshalb sieht man rund um den Pool immer so zahlreiche Liegen, auf denen sich den ganzen Tag nur ein Handtuch sonnt.

Meine Frau und ich haben die unsrigen zuweilen auch persönlich genutzt. Wir saßen immer so, dass wir weder von den Wasserballspielern nass gespritzt noch vom Barbecue schwarz geräuchert wurden. Andererseits hatten wir einen unverbaubaren Blick auf den Catwalk-Wettbewerb, bei dem mich meist die Einteiler mit den raffinierten Trägerlösungen und die Bikinis mit den verspielten Schnürungen interessierten. Meine Frau entwickelte mit der Zeit eine gewisse Vorliebe für angeberische Waschbrettbäuche, eine Tatsache, die mir den Abschied vom Pool-Leben nicht gerade erschwert hat.

Denn es ist vorbei. Fortan verzichten wir auf Seejungfrau-Mosaiken und gemalte Ansichten von Capri, auf Kaskaden, Jungbrunnen-Duschen, Tropenregengrotten und Heublumen-Tepidarien, auf den ganzen Zauber, der angeblich das Immunsystem stärkt und in Wirklichkeit Fußpilz und Amöbenruhr züchtet. Und das hat mit dem Nachtportier zu tun.

Nicht ausschließlich mit ihm. Es hat mich schon vorher irritiert, dass junge Mütter ihre Babys auf der flachen Hand unter vielen Bravos durchs Wasser paddeln lassen, die Babys entweder nackt oder von einer mit Dinosauriern bedruckten Schwimmwindelhose umwabert. Unbestreitbar ist der Pool gut gechlort. Sogar so gut, dass gefärbte Blondinen ihm nach zwei Bahnen Rückenschwimmen mit ergrünten Haaren entsteigen.

Es hängt auch mit den so genannten ungezwungenen Grillabenden zusammen, bei denen immer mal wieder eine Portion Kartoffelsalat oder ein zähes Steak in den Wellen landet. Gewiss, beides wird schnell zersetzt. Doch das Wasser wird davon nicht klarer, und der Schmierfilm auf den Randfliesen nimmt an Glibberigkeit nicht ab. Zweifellos legt das zerfressene Poolgeländer eindrucksvoll Zeugnis ab von der radikalen Kraft der Chemie. Aber vermag diese Kraft etwas gegen den Nachtportier?

In der vorletzten Nacht unseres Urlaubs kamen wir etwas zu spät aus unserer Lieblings-Nepp-Bar. So suchte ich den Mann, um ihm zum letzten Mal Bestechungsgeld auszuhändigen. Ich fand ihn am Pool. Im Wasser balgte sich seine zwölfköpfige Familie in ungezwungener Freiheit mit mittlerweile vier prustenden Hunden. Es handelte sich um ihren wöchentlichen Badetag.

Und warum nicht? Ich bin für Natürlichkeit. Deshalb schwimme ich jetzt wieder im Meer, auch wenn der Strand aus Steinen besteht und die eisige Temperatur jedes mikrobische Leben verhindert. Ja, sogar gerade dann. Nehmen Sie mein Handtuch. Die Liege gehört Ihnen.

Die Reisekasse

Jeder Urlaub kostet am Ende doppelt so viel wie vorher berechnet. Einen Monat nach der Rückkehr, die Erholung ist längst verflogen, erweist er sich sogar als dreimal so teuer. Die herzlose Abrechnung der Kreditkartenzentrale kommt ins Haus, eng bedruckt mit rätselhaften Abbuchungen von Institutionen wie »Floyds Brizzle Shop« oder »Amourosas Turisticas«, die wir nie in Anspruch genommen haben.

Reisen sind ruinös. Auch in der Eurozone. Ja, gerade da. Unsere alten ausländischen Scheine und Münzen, aus glücklichen Zeiten sorgsam aufbewahrt, haben ohnehin jeden Wert eingebüßt. Aber auch der Euro taugt nichts mehr. Aus undurchschaubaren Gründen bekommt man im Urlaubsland viel weniger dafür als daheim. So, als werde er aus Anlass unseres Eintreffens schleunigst abgewertet. Auch sehen die spanischen oder griechischen Euromünzen irgendwie unecht aus. Und die portugiesischen kann man verbiegen. Sollen wir nicht lieber gleich in die eurofreie Welt fahren?

Dort überreicht uns ein Bankmann auf mehrfache Aufforderung müde die Umrechnungstabelle. Dieses Ritual kennen wir. Ein kurzer Blick, dann ist uns die Faustregel klar: Ausländische Währung durch drei teilen, plus zehn Prozent, das ergibt den

Betrag in Euro. Oder – das kommt auf dasselbe heraus – einfach mal vier nehmen, dann minus elf und durch sieben teilen. Oder, noch simpler, durch fünfeinhalb und das Komma zwei Stellen nach vorn rücken.

Um meine Frau zu beeindrucken, tue ich jedenfalls immer so, als hätte ich den Kurs kapiert. Das führt leider zu Überraschungen. Wie oft haben wir sensationell billig gegessen, es war geradezu ein Witz, und hinterher, als ich in aller Stille mal ernsthaft nachgerechnet habe, war es die pure Unverschämtheit. Und obendrein wird noch Trinkgeld verlangt, weil angeblich die Bedienung nie eingeschlossen ist. Genau wie die ausgeschilderten Preise niemals stimmen; an der Kasse wird ein erstaunlicher Batzen Steuer draufgeschlagen.

Egal wo wir sind, nach den ersten Tagen blinder Großzügigkeit beginnen wir zu sparen. Meist von der zweiten Woche an. Gleich am Anfang haben wir durchschaut, dass es sich nicht lohnt, eine »Tourist Card« für drei oder sieben Tage zu kaufen. Nach einiger Zeit, leider zu spät, wird uns klar, dass es sich doch gelohnt hätte. Sollen wir noch? Aber solche Tickets verpflichten einen immer, lauter schwermütige Museen binnen zweiundsiebzig Stunden abzuhaken, während man gleichzeitig intensiv Bus fahren muss, um den Preis wieder reinzuholen. Für den Aussichtsturm ist immer nur die Fahrt nach oben drin, runter muss man zahlen. Und das Aquarium, das als Bonus-Ladenhüter dazu angeboten wird, möchte man um keinen Preis besuchen.

Ohne diese Card jedoch büßen wir noch mehr Bares ein. Je genauer wir die Preise betrachten, desto unverschämter werden sie. Verdienen denn die Einheimischen mehr als bei uns? Oder kaufen die nichts? Nach meiner Erfahrung gibt es immer nur zwei Dinge, die wirklich billiger sind: Straßenbahnfahrscheine und Fladenbrot. Und dank meiner durchdachten Ausgabenpolitik läuft es darauf hinaus, dass wir gegen Ende des Urlaubs tatsächlich vorwiegend Straßenbahn fahren und dabei Fladenbrot kauen.

Warum auch nicht? Ich finde auf diesen Fahrten endlich die Muße, den Bestand an Münzen zu sortieren. Häufig fällt mir bei dieser Gelegenheit auf, dass die winzig kleinen viel wertvoller sind als die großen. Und dass es in Wahrheit auf jene mit dem Loch ankam, die wir alle in die Brunnen geworfen haben. Fremde Scheine entsorgen wir ohnehin möglichst früh, weil sie immer so lappig, klebrig, schwitzfleckig sind, es sei denn, wir haben Glück und erwischen bei einem günstigen Tausch die frischen selbst gedruckten vom Kioskbesitzer.

Alle wollen unser Geld. Und trotzdem schaffen wir es durch unsere Entschlossenheit, dass am Ende etwas übrig bleibt. Oft finde ich auf dem Weg zum Flughafen sogar noch Scheine, die ich im Buch oder in der Geheimtasche vergessen hatte. Jedenfalls kommen wir immer mit zu viel Restgeld in die Abflughalle. Jetzt Rücktausch? Das wäre viel zu ungünstig. Aufheben ist zu lästig. Jeder kennt das: Last Call, und immer ist noch nicht alles ausgegeben. Zur Auswahl stehen nun nur noch Kostümpüppchen, bemalte Baumscheiben und Bierkrüge mit Landesmotiven. Egal, her mit dem Zeug, das Geld muss weg. Zu Hause bringen wir die Sachen dann bequem in der Geschenkschublade unter. So haben wir vorgesort. Für welchen Fall, das wissen wir nicht. Und warum die Reise wieder so teuer geworden ist, das bleibt auch ein ewiges Rätsel.

Endlich Zeit zum Streiten

Meine Frau und ich streiten gern. Leider kommen wir im Alltag nur selten dazu. Deshalb freuen wir uns so sehr auf den Urlaub. Da haben wir genügend Zeit und zum Glück auch genügend Anlass. Bereits dass meine Frau in der Abflughalle um Längen hinter mir zurückbleibt, einfach weil sie den schwereren Koffer trägt, gibt Zündstoff. Dadurch schieben sich nämlich lästige Mitreisende vor uns und ich muss unangemessen lange in der Schlange stehen.
Gespannte Atmosphäre beim Einchecken: Das ist immer ein viel versprechender Start. Im Flugzeug fragen wir uns gegenseitig ab. Hast du daran gedacht, die Kellertür zuzuschließen? Oder: Die Adressenliste hast du diesmal doch hoffentlich mitgenommen? Immer finden wir etwas, das der andere vergessen hat oder unbedingt hätte tun sollen.
Und das ist gut, denn Streit lebt nicht von Luft allein, Streit braucht Fakten. Aus diesem Grund nimmt meine Frau gewöhnlich eine Liste mit in den Urlaub. Alles, was sie im Alltag nicht hat anbringen können, soll unsere Ferientage aufpeppen. Motto: Jetzt habe ich diesen Mann mal von morgens bis abends, da können wir endlich mal einiges klären.
Doch auch die Umstände am Urlaubsort selbst bieten gottlob reichlich Anlass zur Zwietracht.

Das Hotelzimmer ist klein und gewährt, selbst wenn es sich Suite nennt, kaum Ausweichmöglichkeiten. Würdest du vielleicht mal die Schranktür zumachen, ich möchte vorbei?! Hast du vor, noch lange im Badezimmer zu bleiben? Darf ich die Nachttischlampe jetzt auch mal auf *mein* Buch richten?

Dergleichen Fragen, im richtigen Ton vorgetragen, fördern jene Zwistigkeiten, die für einen abwechslungsreichen Urlaub so wichtig sind. Wenn du den halben Tag verschläfst, brauchen wir uns nicht zu wundern, wenn wir nichts zu sehen kriegen! Warum willst du denn ausgerechnet diese Gasse fotografieren, das wird doch sowieso nichts! Kannst du dich nicht wenigstens jetzt mal vernünftig ernähren? Willst du in dem Aufzug ins Boot steigen?

Es ist wichtig, die Atmosphäre immer von neuem aufzuladen. Allzu leicht schleicht sich sonst einförmige Harmonie ein. Es müssen keine dramatischen Szenen in der Gemäldegalerie sein, und Türenschlagen ist im Hotel entweder nicht möglich oder stößt auf Unverständnis. Nein, bei der unvermeidlichen Nähe im Urlaub reichen subtile Verschiebungen im Tonfall oder in der Gesichtsmuskulatur, um die nötige Spannung zu erhöhen. Sie kennen sich aus? Oder brauchen Sie Anregungen?

Wenn Sie ein Mann sind, rate ich dazu, Ihre Frau stets zur Eile anzutreiben. Sie braucht sich nicht auch noch im Urlaub zu schminken oder vor Schaufenstern stehen zu bleiben. Noch wichtiger aber ist es, dass Sie als Mann Verantwortung delegieren. Übertragen Sie Ihrer Frau die Verantwor-

tung für all die Misshelligkeiten, die in der Fremde unweigerlich auftreten. Verschlossene Museumstüren, verspätete Flüge, schmutziger Strand, irgendwie hat sie bestimmt dazu beigetragen. Nach meiner Erfahrung sind Frauen selbst am schlechten Wetter nie ganz unschuldig.
Wenn Sie hingegen eine Frau sind, nutzen Sie die Schwächen Ihres Mannes, die in der ungewohnten Umgebung deutlicher zu Tage treten. So ganz sicher wird er mit dem Leihwagen schon nicht sein. Na, fragen Sie, kommst du nicht zurecht? Weisen Sie lobend auf den Experten in der Reisegruppe hin, der viel besser Bescheid weiß als Ihr Mann. Oder entlarven Sie seine Unkenntnis mit Hilfe des Reiseführers.
Vor allem aber: Lassen Sie ihn nicht entwischen. Er entzieht sich zu Hause oft genug. Jetzt soll er sich stellen. Sie wollen nichts anderes als einen besseren Partner aus ihm machen. Der Urlaub bietet die günstigste Gelegenheit. Erziehen Sie ihn, am besten vor Zuschauern, etwa vor der Reisegruppe, sonst gräbt es sich nicht tief genug in sein Gedächtnis. Ich persönlich liebe es besonders, wenn in abendlich froher Runde meine Frau über den Tisch ruft: Jetzt hast du aber genug getrunken!
Das nur als Tipp. Insgesamt ist unserer Kreativität keine Grenze gesetzt, wenn wir die Ferien abwechslungsreich gestalten wollen. Und wenn wir erst die Betten auseinandergerückt haben und uns schweigend am Frühstückstisch gegenübersitzen, wenn wir auf getrennten Straßenseiten vom Strand zum Hotel gehen oder mit einem »Dann fahr doch gleich

nach Haus!« den ganzen Tag allein verbringen und frühere Rückflugmöglichkeiten studieren, dann stärkt sich unser Immunsystem, dann wirkt der Urlaub nachhaltig, dann wissen wir wieder: Es hat sich gelohnt.

Das Veranstaltungsprogramm

Habe ich Sie nicht neulich ertappt? Im Diavortrag »Pflanzen unserer Heimat« im Stubaital? Oder war es beim Konzert des Singkreises Usedom bei seinem Gastspiel in Binz? Nein, es war die abendliche Eröffnung der Fotoschau »Zwischen Tradition und Fortschritt« in Bad Reichenhall. Bei der anschließenden Dichterlesung haben Sie sich rausgeschlichen und sind dabei an einen Stuhl gestoßen. Ja, ja, man hat sich nach Ihnen umgedreht. Macht aber nichts, Ihr Lärm bot die ersehnte Abwechslung.
Und haben wir uns nicht auch getroffen bei der Vernissage »Märchenträume« in Biarritz? Allerdings! In der berühmten staatlichen Gemäldesammlung Ihrer Heimatstadt sind Sie seit zehn Jahren nicht gewesen. Aber hier, in der öden Salle Polyvalente, haben Sie jedes der fünftklassigen Aquarelle intensiv beäugt. Am Ende haben Sie der stark parfümierten Künstlerin sogar ein Kompliment hingestottert. Gekauft haben Sie nichts, so weit geht Ihre Heuchelei denn doch nicht. Aber ich habe Sie gesehen. Und seien Sie getröstet: Sie haben mein Mitgefühl.
Auch ich habe das alles mitgemacht. Genau wie Sie habe ich mich aufmerksam dem Jugendensemble »Zorbas« in Kreta gewidmet sowie der Projektprä-

sentation »Jugendbeschäftigung in Uruguay« des CVJM in Cala Rajada. Denn ebenso wie Sie befällt mich nach einigen Tagen im Urlaub unwiderstehlich der Wunsch nach gehobener Zerstreuung. Immer nur essen gehen, Scrabble spielen und früh ins Bett, das hinterlässt ein Gefühl der Leere. Ich möchte Kultur oder wenigstens Anregungen. Sie auch? Es muss ja nur eine Prise sein.
So studieren wir vom fünften Tag an die Aushänge am Touristenbüro. Da gibt es ein Orgelkonzert. Ein Puppenspiel. »Handwerker zeigen ihr Können«. Ah ja. Am sechsten Tag durchblättern wir die Lokalzeitung. Das schäbige kleine Kino mit Filmen in Originalsprache bringt unablässig »Dawn of the Living Dead«. Im Refektorium des romanischen Klosters werden offenbar seit Monaten alte Wappen gezeigt. Egal wo wir sind, der Vortrag des Wochenendes hat zum Thema »Christentum im dritten Jahrtausend«. Außerdem gibt es einen von lokalen Parteispitzen angeführten Laternenumzug. Und eine bewegte Schau »Brasilien und seine Rhythmen«, wie wir sie letztes Jahr schon auf den Lofoten gesehen haben.
Zu Hause überblättern wir solche Angebote ungelesen. Im Urlaub, in der sich dehnenden Zeit, beginnen wir, uns dafür zu interessieren. Gemessenen Schritts durchwandern wir die Ausstellungen anerkannter Lokalgrößen mit dem immer gleichen Töpferkram, den Holzarbeiten und dem rührend bemalten Porzellan. Wir begeben uns in das schal riechende Fossilienmuseum, das es in jedem Urlaubsort der Welt gibt, mit seinen staubigen Vitri-

nen und der mumifizierten Gestalt an der Kasse. Wir nutzen den Abschnitt auf unserem Vergünstigungspass und betreten die einschläfernd dämmerigen Räume des Tropariums. Wir überwinden unsere tiefe Abneigung gegen Umweltfragen und steigen die Stufen zur engagierten Lehrausstellung empor. Wenigstens bis zum Essen studieren wir die Schautafeln über gefährdete Lebensräume und schützenswerte Nistgewohnheiten.

Wir geraten in das Panoptikum mit einem elenden Elvis und dem seit Jahren nicht abgestaubten Paar Charles und Di. Wir reden uns ein, dass wir das alles interessant oder wenigstens witzig finden. Auf einem Museumsbauernhof lassen wir Mais, Weizen und Roggen durch die Finger gleiten, finden das enorm lehrreich und nehmen uns vor, diesmal für alle Zeit zu behalten, dass das mit den langen Grannen die Gerste ist. Nebenan gibt es Wolle, die streng nach Schaf riecht, also echt sein muss. Wir werden den Daheimgebliebenen davon erzählen. Wir schießen eine Spule durch den Lehrwebstuhl und haben damit am Touristengemeinschaftsteppich für gute Zwecke mitgewebt.

Nun haben wir fast schon das Gefühl, dass der Urlaub sich gelohnt hat. Nur noch die Modenschau im besten Hotel am Ort mitnehmen, wo die geschiedene Sachbearbeiterin aus dem Tourismusbüro im Bikini den Catwalk nachmacht. Schließlich, wenn am Ort alles abgegrast ist und trotzdem noch ein paar Abende zu füllen sind, müssen wir leider doch noch auf die Sonderangebote des Touristenbüros zurückgreifen, obgleich wir dergleichen Nepp zutiefst verabscheuen. Nun besteigen wir also den Bus zum gefürchteten Folkloreereignis »Korfu singt«. Oder zum Flamencoabend, selbstredend zu dem garantiert echten, zu dem absoluten Geheimtipp, den normalerweise kein Tourist findet. An diesem Abend sind komischerweise ausschließlich Touristen da.

Falls wir auf eine Nordseeinsel gefahren sind, begeben wir uns mit einem Seufzer der Resignation in den Lichtbildervortrag »Das Watt im Wechsel der Jahreszeiten«, der schon vor unserer Geburt in dieser Fassung gezeigt wurde, vom selben greisen Fotografen mit seinem handbetriebenen Projektor und dem scheppernden Lautsprecher vorn rechts. Seine Gattin schnarrt wie zur Zeit der Währungsreform an der Kasse: »Keine Ermäßigung auf die Kurkarte«.

Ja, das gehört dazu. Danach zieht es uns unwiderstehlich zum Gesundheitsvortrag »Rückenbeschwerden – was tun?« Und dann bleibt eigentlich nur noch der Gang über den Friedhof. Mittlerweile total durchgeistigt schreiten wir durch die Reihen der Gräber, studieren die sonderbaren Namen und rechnen nach, wie alt die Leute hier geworden sind. Manche gar nicht so alt, wie man annehmen sollte, in dieser gesunden Luft. Aber sie waren natürlich nicht als Urlauber hier. Nicht so privilegiert wie wir. Hoffentlich haben sie ihre Zeit wenigstens sinnvoll verbracht.

Im Haus von Bekannten

Vermutlich haben Sie Bekannte mit einem Holzhaus in Schweden. Oder Verwandte, die vor Jahren eine Landarbeiterruine in der Provence restauriert haben. Auf jeden Fall haben Sie Freunde mit einer Finca auf Mallorca. Und die einen oder die anderen haben schon immer gesagt: Wenn ihr Lust habt, hütet doch mal bei uns ein! Nun ist es so weit. Mit dem Leihwagen folgen Sie einer unpräzisen Wegbeschreibung. Reklametafeln, Autofriedhöfe, Industriezonen.
Es regnet. Ihre Freunde werden behaupten, das sei eine Ausnahme. Aber selbst beste Freunde verleihen ihr Haus nie in der besten Jahreszeit. Trotzdem bedanken Sie sich bei der Ankunft. Sie bekommen eine mehrseitige Anleitung zum Gebrauch von Pumpe, Poolabdeckung und Alarmanlage, dazu Telefonnummern von Klempnern und Notärzten. Der Hausherr schreitet mit Ihnen die Zimmer ab, erzählt Anekdoten zu den Wespennestern und drückt im Keller rote, grüne und schwarze Knöpfe an der Heizungsanlage. So wird's gemacht.
Alles klar? Sie nicken beflissen und haben alles sofort vergessen. Eine Nacht oder zwei sind die Freunde noch da, danach ergreifen Sie vom Haus Besitz. Zunächst sind Sie noch vorsichtig. Die Freunde sol-

len alles genauso vorfinden, wie sie es verlassen haben, womöglich noch schöner. Deshalb kommt anfangs alles wieder genau an den Platz, wo es stand: der Spaghettitopf, die Tupperdosen, die CDs. Aber nach ein paar Tagen schleichen sich Ungenauigkeiten ein. Ich zum Beispiel brauche immer Gefäße zum Teekochen. Soll ich sie jedesmal wieder zurückstellen? Nein. Und Ihnen fällt vielleicht auf, dass die abgereiste Hausfrau nicht sonderlich praktisch begabt ist. Vieles ließe sich besser arrangieren. Und Sie arrangieren es besser – behutsam zunächst, dann immer mutiger. Genau wie ich.

Wir fangen an umzustellen, umzuhängen, die Vorratshaltung zu optimieren. Die Schubladen wollten wir eigentlich nicht anrühren. Aber auf der Suche nach Nähgarn oder Tesa bleibt uns nichts anderes übrig. Einmal enthemmt, stöbern wir bald die entlegensten Geheimschränke durch und machen sonderbare Entdeckungen. Das Telefon wollten wir nur sparsam benutzen. Mit der Zeit vergessen wir solche Einschränkungen. Wir beschließen, unseren ausgewanderten Bekannten in Kalifornien und Südafrika live zu berichten. Die Freunde Hausbesitzer rufen an und erkundigen sich, ob alles in Ordnung sei. Oh ja, beteuern wir, alles bestens, wunderbar, vielen Dank.

Es ist einfach zu peinlich, nach dem Schalter für die Außenbeleuchtung zu fragen; sie brennt ununterbrochen seit ihrer Abreise. Leider haben wir am dritten Tag vergessen, nach dem Rosenbewässern den Schlauch abzustellen; jetzt droht dem Haus Erosion durch Unterspülung. Eilig arrangieren wir pittoreske Feldsteine über den Löchern. Im Schlafzimmer mehren sich die Flecken erschlagener Mücken an den Wänden; aber warum haben die Freunde keine Fliegengitter?

Und haben sie nicht ein wenig billig gebaut? Uns fällt nämlich ein eigentümlicher Sprung im Mauerwerk neben der Terrassentür auf. War der schon da, als wir kamen? Oder ist er entstanden, als im Wind die Tür zuknallte? Kein Zweifel besteht hinsichtlich der Glaskanne. Die müssen wir neu besorgen. Wir vergeuden wertvolle Ferienzeit, indem wir von Ort zu Ort fahren auf der Suche nach exakt der gleichen hässlichen Kanne.

Es ist immer noch kühl. Wir müssen den Freunden Mitschuld am Wetter geben. Ihre Schwärmerei war wahrheitswidrig; nun müssen eben ihre Pullover dran glauben. Auch die Restaurants, die sie empfohlen haben, taugen nichts. Eigentlich müssten wir ihnen das Essen in Rechnung stellen. Aber wir sind großzügig. Die Freunde wissen es nicht besser. Warum sind sie eigentlich hierher gezogen? In diese Ödnis? Es gibt viel schönere Flecken in der weiteren Umgebung.

Wir sind dankbar, sicher, aber sollen wir ihnen am Ende noch was bezahlen? Geld unter Freunden? Oder genügt ein Blumenstrauß? Die bunten Steine, die wir gesammelt haben, werden vielleicht nicht genügen. Dass wir die Terrasse gefegt haben, werden sie nicht einmal wahrnehmen. Können sie unsere präzise Aufstellung der empfangbaren Fernsehkanäle würdigen? Oder die logistisch unnachahmliche Art, wie wir die Töpfe neu arrangiert haben? Oder bemerken sie etwa nur, dass der seidene Kissenbezug Rotweinflecken hat? Und dass wir jenes Video ohne Etikett gesehen haben, das wir garantiert nicht entdecken sollten?

Gegen Ende unserer Zeit sind wir mit Restaurationsarbeiten beschäftigt. Entsetzt entdecken wir einen Klebezettel neben dem Stromzähler, auf dem der Hausherr den letzten Stand vermerkt hat. Erst haben wir gedacht, es ist für alle angenehmer, wenn wir wegfahren, bevor die Freunde wiederkommen. Jetzt wird klar, dass manches sich persönlich besser erklären lässt, etwa die Sache mit der Außentür, die unerklärlicherweise nicht mehr richtig schließt, oder das Missgeschick mit dem Porzellanpferd, das aber sowieso ziemlich kitschig war.

Wir müssen die Freunde wohl mindestens zum Essen einladen. Und beim nächsten Mal, das ist wohl für alle das Beste, nehmen wir ein Hotel.

Vergeistigung durch Studienreisen

Bekanntlich verbringen die meisten Leute ihren Urlaub tagsüber dösend am Strand und abends lärmend in Bars. Kultivierte Menschen hingegen, Sie und ich, die wir stets ein wenig an dieser groben Welt leiden, streben nach Feinerem. Wir erholen uns nur, wenn auch der Geist Nahrung bekommt. Wir möchten uns mit einem gewissen Niveau gegen Störungen absichern. Deshalb geben wir etwas mehr Geld aus und buchen eine Studienreise.
Kastilien, Chichén Itzá, Samarkand, »Florenz – Wiege der Renaissance« oder »Krakau – Wiege des Barock«, »Reich der Pharaonen« oder »Reich der Mitte«, wir kennen das oder haben es jedenfalls im Katalog angestrichen. Einiges fehlt uns noch im Puzzle der Welt, doch vieles ist uns schon bekannt. Die Armee von Tonsoldaten haben wir zweifelsfrei in China gesehen. Die Fischerbastei steht in Budapest. Wir würden im Quiz nicht versagen, wenn es um die Uffizien ginge. Anderes jedoch vermischt sich mit der Fülle ähnlicher Eindrücke. Wir können »Rom – Ewige Stadt« noch von »Prag – Goldene Stadt« unterscheiden, zumal wir uns in Rom das Knie gestoßen und in Prag den Magen verdorben haben. Auch Totes und Rotes Meer vermögen wir mit einigem Nachdenken auseinander zu halten. Mit Maya- und Inka-Bauten

ist es schon schwieriger, von den Loire-Schlössern ganz zu schweigen.

Da hilft es, dass wir mit kultivierten Menschen unterwegs waren. Sie sind lebendige Gedächtnisstützen. Den kränkelnden Professor aus Freiburg mit seiner staunenswert korpulenten Frau lernten wir auf der Fahrt »Tausendjähriges Danzig« kennen und meiden. Die drei kontaktfreudigen Damen aus Dortmund trübten »Bretagne – Land der Burgen und Klöster«. Der Gang durch die »Verbotene Stadt« wurde von einer Gruppe kalauernder Berliner entweiht. Immerhin, gerade deshalb erinnern wir uns daran.

Hätte in Avignon nicht dieser Kölner Rundfunkangestellte pausenlos Blondinen-Witze erzählt, hätten wir den Papstpalast längst vergessen. So ist er uns unauslöschlich in Erinnerung, als steinerne Stätte unserer vergeblichen Flucht. Ich weiß genau, welch tröstliche Wandmalereien den Raum schmückten, in dem wir uns endlich sicher glaubten; da trat der Kölner durch eine Seitentür. Uns fehlte der Mumm, ihn zurückzuweisen.

So lernen wir viel auf Studienfahrten, weniger über den Glanz versunkener Kulturen als über die hautnahe Gegenwart der Mitreisenden. Dem Prospekt entnehmen wir, welche Tempelfriese, Thermen, Maurenfestungen abzuhaken sind. Doch wir erleben hauptsächlich Menschen. Von etlichen Fahrten im Kulturbus kann ich noch heute die Sitzordnung der umgebenden Reihen rekonstruieren. Grundsätzlich sitzen vorn die Egozentriker, in der Mitte die Willensschwachen, hinten die Klassenkasper. Aber ich habe noch die Gesichter vor mir. Bemerkungen, Witze, Klagen hallen noch nach. Brillen, Pflaster, Toupets haben sich eingeprägt. Ich sehe müde Mienen und beigebraune Anoraks. Dahinter wischt die Landschaft vorbei. Und ein Mann am Mikrofon, der sich ebenfalls in die Erinnerung senkt, liefert die Tonspur.

Stundenlang sind wir der Gruppe ausgeliefert. Sie wird auf Studienreisen zum eigentlichen Erlebnis. Gelegentlich gibt es Ausstiegsmöglichkeiten. Dann dürfen wir uns in Ruinen die Füße verstauchen. Und lernen nebenbei, dass ein Reiseleiter, der laut Katalog gleichermaßen als Experte für »Metropolen der Donaumonarchie« wie für »arabisches Spanien« angepriesen wird, nicht auch noch »Istanbul – Kulturmetropole auf zwei Kontinenten« beherrscht. Er wollte da mal hin, nun müssen wir ihn in Kauf nehmen. Auch die Dame, die als Spezialistin für das »Licht der Toskana« vorgesehen war, gibt allenfalls wieder, was sie am Vorabend im Baedeker gelesen hat, und selbst das nur fragmentarisch. Und der Gelehrte, der uns »frühe Stätten der Christenheit« zeigen sollte, weiß lediglich, wo an der jordanischen Grenze der günstigste Schmuggelschnaps feilgeboten wird.

Wir lernen aber auch, dass zum Ausgleich auf jeder Reise ein Mann an Bord ist, der alle mit seinem Wissen übertrumpft. Wie die meisten anderen Teilnehmer ist er, wenigstens seiner Natur nach, Lehrer. Einerseits ist sein Geprahle lästig. Andererseits können wir es nutzen. Denn wir müssen die endlose Zeit füllen, die wir in Restaurants und Souvenirshops verbringen, weil der Reiseleiter dort seine Prozente kassiert. Also lassen wir uns von dem Lehrer all das erklären, was wir auf der Reise eigentlich erleben wollten. Sein eigentümliches Gebiss leuchtet noch aus den dunklen Kammern unseres Gedächtnisses.

Im Rückblick bleiben nur solche Begegnungen. Abgesehen von den Müllbergen in Machu Picchu und den sonderbaren Toiletten am Delphischen Orakel vergessen wir die Sehenswürdigkeiten. Die Mitreisenden setzen sich fest.

Das Ehepaar, dem wir auf jeden Fall schreiben wollten. Der Dicke, der uns beim plötzlichen Bremsen des Busses beinahe für immer unter sich begrub. Die beutelustige Witwe. Der Verschwitzte, dem wir kein Deo geschenkt haben. Das Paar, das immer zu spät kam. Die Durstige mit den roten Flecken. Der Banause, der überall nach deutschen Blättern suchte und dann laut die Überschriften vorlas. Der Reiseleiter und sein Fahrer, für die wir am Schluss auch noch Trinkgeld sammeln mussten.

Im Rückblick küren wir sie zu Persönlichkeiten, schmücken uns mit den Anekdoten ihrer Eigenarten und vermissen sie beinahe. Bis wir sie schaudernd wieder treffen, demnächst in Kastilien, Chichén Itzá oder Samarkand.

MALARIA-MÜCKEN UND TSE-TSE-FLIEGEN

Waren Sie schon auf den Shigellen? Haben Sie Yersinien durchstreift? Sind in Norwalk gewandert? Bestimmt nicht. Shigellen, Yersinien, Norwalk kann man nicht besuchen. Muss man auch nicht. Sie besuchen uns auf der Reise. Etwa wenn wir in Ägypten Leitungswasser trinken, in Marokko das Obst nicht richtig schälen oder auf Sri Lanka den Cocktail mit Eiswürfeln nehmen.
Denn die Shigellen und ihre kleinen Freunde sind genau jene Bakterien oder Viren, die auf radikale Weise unsere gewohnte Reiseverstopfung beseitigen. Sprechen wir nicht weiter davon, Sie wissen Bescheid. Genau wie ich akzeptieren Sie in exotischen Restaurants schon lange nur noch Getränke aus versiegelten Flaschen. Geöffnete Flaschen lassen Sie zurückgehen, denn deren Wasser ist garantiert aus einer verseuchten Leitung gezapft. Auf Milchprodukte verzichten Sie in zweifelhaften Ländern ohnehin. Das kalte Buffet umgehen Sie weiträumig, denn vor Ihrem Eintreffen stand es für ein paar Stunden den Salmonellen zur freien Verfügung. Und abends zum Zähneputzen kochen Sie das Wasser mit dem Reisetauchsieder ab.
Ich muss Ihnen also nichts über Spulwürmer oder Leber-Egel erzählen. Schade eigentlich. Aber es gibt ja noch so viel anderes, was unsere Reisen zu

Abenteuern macht. Früher brachten wir allenfalls einen Sonnenbrand mit und im Winter einen Beinbruch. Jetzt beschäftigen uns magische Namen wie Denguefieber, Kala-Azar, Ross-River-Virus.

Ich weiß nicht, wie es Ihnen geht. Aber Gegenden, für die nicht wenigstens Malaria-Vorbeugung oder Gelbfieber-Impfung erforderlich sind, üben auf mich keinen Reiz mehr aus. Husten oder den Fuß verstauchen kann man sich auch im Fichtelgebirge. Aber Orientbeulen gibt es eben nur im Orient, und um den Hautmaulwurf zu treffen, muss man schon in die Tropen reisen. Sie kennen den Hautmaulwurf? Der heftet sich an einen vorüberschreitenden menschlichen Fuß, knabbert, kostet und baut sich dann in der Hornhaut ein geräumiges Gängesystem. Unsere Eltern oder Großeltern konnten sich die Begegnung mit so einem originellen Tierchen nicht leisten. Wir können es.

Und da es uns schon mal in die Tropen zieht, sind wir gleich auch Kandidaten für die berühmte Schlafkrankheit, von der unsere Altvorderen nur in Abenteuerbüchern lasen. Wir sind live dabei! Schaudernd erzählen wir einander Gruselstorys von Bilharziose-Würmern, die sich in stehenden Gewässern zu den Badenden schlängeln, durch deren Haut bohren und von da an im Körper Fortpflanzung treiben. Und auf unserer Safari-Tour war eine Dame dabei, Mitte dreißig, kerngesund, die kriegte plötzlich Fieber und binnen einer Woche – nun, sie hat das Risiko gekannt. Oder hätte es kennen sollen.

Aber wir selbst wissen auch nie genau: Sollen wir

nun eigentlich Chloroquin, Proguanil oder Mefloquin nehmen? Was ist am bekömmlichsten? Und summen Malaria-Mücken zu erkennungsdienstlichen Zwecken besonders laut oder auf einer speziellen Tonhöhe? Sehen Tse-Tse-Fliegen aus wie unsere Fensterbrummer? Jedenfalls darf die Maschengröße des Moskitonetzes nicht größer als ein Millimeter sein. Das haben wir gelesen. Und eigentlich sollen wir langärmelige Kleidung tragen, ausgerechnet in der Wärme, und am besten noch ein Halstuch, einen breitkrempigen Hut und womöglich stichfeste Fingerlinge. Dazu Lederschuhe, besonders am Strand, wegen der Hakenwürmer. Klingt mühsam, schützt jedoch.

Meine Lieblings-Internetseite www.netdoktor.de empfiehlt das vorbeugende Einsprayen mit Diethyl-Toluamid sowie die Mitnahme von sterilen Wundkompressen, Mullbinden, Klebeband, Schere, Pinzette und Dreieckstuch, ferner Desinfektionsmittel auf Polyvidon-Jod-Basis, Schmerzmittel, Fiebermittel, Medikamente gegen Übelkeit, Durchfall, Verstopfung, Juckreiz sowie tabellarische Blätter, auf denen die fälligen Fieberkurven exakt nachgezeichnet werden können. Das hilft später bei der Diagnose. Ich persönlich finde auch ein Gebetbuch hilfreich.

Ach so, ganz wichtig: Erste alarmierende Anzeichen einer exotischen Infektion sind Müdigkeit und Abgeschlagenheit. Haben sich nach Ihrer letzten Rückkehr etwa solche Symptome eingestellt? Oh, oh, auch nur ein Anflug davon ist bedenklich! Und Sie wollen trotzdem bald wieder los? Bewundernswert, dass Sie so tapfer sind! Aber ich weiß auch nie so genau, in welchem Stadium welcher Reisekrankheit ich mich zur Zeit gerade befinde. Gut, dann nehmen wir also noch ein letztes Mal all unseren Mut zusammen. Es gibt ja auch einen Lichtblick: Medikamente sind im Ausland so billig, dass es Verschwendung wäre, wenn wir gesund blieben. Also freuen wir uns, dass wir vor unserem Hinüberscheiden noch etwas Schönes erleben dürfen. Und genießen wir die verbleibende Frist.

Kurort Museum

Zu den kostbarsten Ruhezonen auf einer Reise gehört das Museum. Im Gegensatz zu Kirchen und Burgruinen ist es angenehm klimatisiert, bietet im Sommer noble Kühlung, im Winter kultivierte Wärme. Die Luft ist nicht zu trocken, nicht zu feucht. Die Einrichtung wirkt ansprechend, oft hängen sogar Gemälde an den Wänden. Die Sitzgelegenheiten sind rar, jedoch häufig gepolstert, die Toiletten schwer zu finden, aber immer sauber.
Und vor allem ist es still. Sehr still. Im Museum können wir endlich jene Erholung finden, um derentwillen wir ursprünglich verreist sind. Natürlich winkt Entspannung nicht in jeder Abteilung. Sofern wir im Prado versehentlich den Velázquez-Sälen zu nahe kommen oder uns in Amsterdam Richtung »Nachtwache« verirren, sind wir übel dran. Da werden wir geschubst und geschoben, müssen hochspringen, um den Ausgang zu erspähen, bevor wir uns den Litaneien der Experten und dem Dunst ihrer Opfer entziehen können.
Dergleichen Strapazen gilt es auszuschließen. Deshalb ermitteln wir stets schon am Eingangstresen, welche Säle berühmte Werke aufweisen und deshalb zu meiden sind. Im Louvre wird es uns leicht gemacht. Wie bei einer Einbahnstraße leiten Pfeile zwingend zur Mona Lisa. Wenn wir in die Gegen-

richtung streben, gelangen wir unweigerlich in die Gefilde der Seligen. Also zu jenen Malern, die weder Tizian noch Rubens heißen und dafür zu Recht mit Missachtung gestraft werden.

Dort können wir uns setzen und in idyllischer Ruhe unseren Müsliriegel verzehren. Gelegentlich mag ein Besucher in den Raum treten; er wirft nur pflichtschuldigst einen Blick in die Runde, prüft ein paar Namensschilder und geht dann schnell weiter. Falls er erstaunt zurücktritt und ein Bild länger betrachtet, dabei sogar anerkennend nickt, müssen wir allerdings darauf gefasst sein, dass wir versehentlich doch bei einem kleinen Rembrandt gelandet sind. Dann hilft es nichts, wir müssen weiter zurück in der Kunstgeschichte.

Nach meiner Erfahrung wird es Richtung Renaissance immer ruhiger, und im Mittelalter herrscht das Schweigen ewiger Grüfte. Mildes Licht. Stummes Wissen. Frieden. Wie aus seinem eigenen Grabmal erhebt sich ein greiser Wärter, der diese Abteilung bereits von seinen Ahnen ererbt hat und nie dem Tageslicht ausgesetzt war. Verständnislos blickt er uns an, wir nicken ihm zu und wenden uns dann kennerisch einer feingliedrigen Madonna nebst Stifterfiguren zu. Der Wärter rafft sich auf und zieht knarrend Kreise.

Es ist wie damals in der Schule: Wir müssen einen interessierten Blick wahren, bis der Lehrer uns für harmlos hält. Wenn wir aus dem Fokus seiner Aufmerksamkeit entlassen sind, können wir uns zur Ruhe setzen. So auch bei dem Wärter. Es ist möglich, dass wir erst gemessen von einem goldgrundigen Meister zum anderen schreiten müssen, durchschnittliche Verweildauer neunzig Sekunden, bevor der Wärter von unserer lauteren Absicht überzeugt ist und in einen Nebenraum abwandert; auch er will schließlich nur schlafen.

Falls er hingegen nicht von unserer Seite weicht oder uns sogar anspricht, weil er so selten Besuch kriegt, falls er womöglich mit eigenem Wissen prunken will, müssen wir weiter. Es geht schließlich um unser Glück, nicht um seines. Ich empfehle die Abteilungen mit Eingeborenen-Kunst. Die lockt nun wirklich niemanden, und auch das anwesende Personal ist stets in sprachloses Desinteresse versunken. Während in den Gemäldeabteilungen alle Besucher insgeheim im Verdacht stehen, sie wollten die Werke entwenden, zerschlitzen oder wenigstens besprühen, kann sich das in den Eingeborenen-Abteilungen beim besten Willen niemand vorstellen.

Der Wärter nimmt unser Eintreten als Signal seiner Ablösung und zieht sich sofort zurück. Wir sind allein zwischen afrikanischen Masken, mikroskopischem Elfenbeinschmuck und javanesischen Schatten. Alles ist zu unserem Schlummer hergerichtet. Mag es in fernen Räumen summen. Irgendwo heucheln unerfahrene Touristen Interesse für Informationen, die sie noch vor dem Verlassens des Museums wieder vergessen.

Wir sind erfahren und deshalb ehrlich. Wir wollen nur zu uns selbst kommen. Dazu ist der Urlaub da. Die größte Offenbarung, spricht der Weise, ist die Stille. Im Kurort Museum finden wir sie. Willkommen nun, o heilsamer Schlummer!

Nur Kenner können vergleichen

Das haben Sie auch schon erlebt: Grandioser Sonnenuntergang, verklärter Himmel, das Meer in allen Farben von Türkis bis Zinnoberrot, die Felsen dunkel, draußen ein einsames Segelboot. Sie sind ganz hingegeben. Da kommentiert hinter Ihnen einer: »Da sollten Sie aber mal die Sonnenuntergänge auf Java sehen! Das ist was! Sonnenuntergänge auf Java sind unbeschreiblich!« Haben Sie sich umgewandt? Um diesen ochsenhaften Barbaren dann doch nur wortlos zu mustern? Oder haben Sie stoisch aufs Meer gesehen, um ihn zu ignorieren? Egal, der Zauber ließ sich nicht wiedergewinnen.
Und als Sie die Victoria-Fälle bestaunten, wie diese unendlichen Wassermassen in die Tiefe stürzten, donnernd, schäumend, Schleier über den Uferwald werfend, da hat sich in der Reisegruppe bestimmt ein Ehepaar gefunden, das unisono erklärte: »Das ist aber nichts gegen die Wasserfälle von Iguaçu!« Danke, haben Sie gedacht, danke für den Hinweis. Natürlich haben Sie sich Ihre Begeisterung nicht nehmen lassen. Aber irgendwie steckte nun der Wurm drin. Und noch heute, wenn Sie zurückdenken an Victoria, fällt Ihnen immer dieses Ehepaar ein.
»Das habe ich lange nicht erlebt, so etwas Schönes!«, haben Sie auf einer anderen Reise geseufzt.

»Ach tatsächlich?«, fragte da jemand. »Da müssen Sie mal nach Feuerland fahren!« Scheußlich. Aber heute kann ich es Ihnen gestehen: Ich war das. Ja. Ich mag es nicht, wenn andere in rauschhafte Verzückung geraten, während ich mich nicht so überschwänglich begeistern kann. Und mir ist aufgefallen, dass ein fachmännisch eingeworfener Vergleich das Hochgefühl am schnellsten dämpft. Womöglich noch mit der heuchlerischen Einleitung: »Ich will Ihnen jetzt die Freude nicht nehmen, aber in Feuerland ...«.
Erstens wird die Euphorie Einzelner damit auf ein für alle erträgliches Maß herabgestimmt. Zweitens wird an mir eine gewisse edle Kennerschaft offenbar. Und drittens betätige ich mich als Umweltschützer. Ich schütze Landschaft, Sonnenuntergang oder Baudenkmal vor der Inbesitznahme durch übertriebene Begeisterung. Denn wer sich lauthals über etwas freut, nimmt es den anderen weg. Er sagt damit: Ich liebe diese Kathedrale mehr als ihr alle. Und verleibt sie sich ein. Da ist es gut zu bemerken: »Sie haben wohl noch nicht Chartres gesehen?«
Natürlich bin ich selbst schon Opfer solcher Strategie geworden. Als wir durch die blühenden Obstbaumalleen der südlichen Alpenausläufer fuhren und ich meinem Enthusiasmus Luft machte, äußerte meine Frau: »Das kannst du in Lauenburg genauso haben.« Während ich in der Abendstimmung der schottischen Hochmoore versank, fiel ihr ein: »Du bist wohl lange nicht am Wilseder Berg gewesen.« Patsch. Schluss mit der Romantik.

Vergleiche reißen immer heraus. Aus der Hingabe, aus dem Augenblick, aus dem Erlebnis selbst. Manchmal ist das nützlich. Etwa wenn wir uns in San Francisco bei einbrechender Dunkelheit nicht so ganz wohl fühlen. Da ist es beruhigend, wenn wir ein paar viktorianische Häuser entdecken und ausrufen können: »Das ist ja genau wie in Bogenhausen!« Natürlich reißt auch dieser Vergleich aus dem direkten Erleben, aber in diesem Fall ist das erwünscht. Er rettet vor dem Gefühl der Bedrohung. Er banalisiert, ebnet ein, aber gut: Das düstere Viertel wird harmlos.

Das Vergleichen gibt uns die Macht zurück, die wir auf Reisen an die Übermacht der Eindrücke zu verlieren drohen. Wenn uns in den Schluchten des Jemen auffällt: »An den Grand Canyon kommen die aber nicht ran!«, schaffen wir uns ein dringend benötigtes Gefühl von Überlegenheit. Das Knabberzeug, das man uns in der Peking-Oper vorsetzt, ist weit schlechter als das japanische aus dem Supermarkt daheim. Bedauerlich? Nein, denn durch das abschätzige Urteil gewinnen wir das Gefühl der Souveränität, das uns in der Fremde so leicht abhanden kommt.

Wir urteilen, um im reißenden Fluss der Reise immer wieder feste Standpunkte zu finden. Das Vergleichen verschafft uns Sicherheit und Distanz. Sie brauchen solche Sicherheit nicht? Wollen gar keine Distanz? Wollen sich der Fremde ungeschützt ausliefern? Ganz und gar auf das Neue einlassen? Na, schön. Dann komme ich mit. Und ich freue mich schon darauf, Ihnen beizeiten ein paar kluge Worte zu sagen über Wasserfall, Kathedrale und Sonnenuntergang!

Aufopfernde Diebe

Wer reist, wird weise. Wer sich in die Fremde begibt, lernt die Essenz der Philosophie. Erkennt die tiefe Bedeutung solcher Sätze wie »Besitz macht nicht glücklich«. Oder »Sein ist wichtiger als Haben«. Oder »Fremde sind Freunde, die man noch nicht kennt«.
Fremde sind Freunde! Und nur, weil wir sie noch nicht kennen, sind wir auf der Hut. Vor jenen Freunden etwa, die uns einfach nahe sein wollen, jedenfalls nahe genug, um unsere Jackentaschen zu durchsuchen. Sie sind neugierig auf das, was wir Ihnen mitgebracht haben. Oder jene, die ein Gespräch mit uns beginnen, damit ihre Gefährten ungestört unseren Koffer aufstemmen können. Sie wollen uns den Weg ein wenig leichter machen. Wir sollen loslassen lernen, möchten sie uns beibringen, wir sollen nicht Sklaven materiellen Reichtums sein. Und wir lernen.
Oder unterlegen Sie Ihren Geldgürtel mit einer angenähten dünnen Kette, wie es geübte Südamerika-Fahrer tun? Statten Sie Reisetasche oder Rucksack von innen mit einem Drahtgitter aus, damit niemand sie aufschlitzen kann? Hängen Sie etwa so an der Materie? Folgen Sie der Empfehlung, als Gruppe im Gedränge stets im Gänsemarsch zu gehen? Damit nur der Letzte in der Reihe unbeaufsichtigt und angreifbar ist?

Ehrlich gesagt, ich halte mich an die Empfehlung. Und Sie können sicher sein, dass ich nicht der Letzte in der Reihe bin. Denn unter Freunden bin ich am liebsten in der Mitte. Deshalb gehe ich auch ungern am Straßenrand, wenn Mopeds in gemächlicher Geschwindigkeit vorbeirollen und die Fahrer die Arme ausstrecken, um uns zu berühren, einfach um unseres Segens teilhaftig zu werden. Ich gebe meinen Segen lieber von fern. Sie auch?
Aber trotzdem haben Sie in Barcelona die Scheibe heruntergekurbelt, als ein freundlicher Mensch dagegen pochte? Und wollten ihm den Weg erklären? Das brauchten Sie gar nicht, denn der Kumpel des fremden Freundes räumte während Ihres Gestotters von der anderen Seite Ihr Auto leer, und der Weg war beiden von vornherein klar.
Sie haben sich gewundert, warum Ihr Leihwagen in Athen einen Platten bekam, nachdem Sie den Flughafen verlassen hatten? Und waren heilfroh, dass Pannenhelfer hinter Ihnen hielten? Gewiss, es waren dieselben, die vorher Ihre Reifen aufgeschlitzt hatten. Aber das haben Sie erst begriffen, nachdem Ihr Gepäck verschwunden war. Besitz macht nicht glücklich, haben Sie sich bestimmt in aller Ruhe gesagt.
Und fanden Sie das turbulente Hallihallo in Prag auch so lustig, dieses fröhliche Gedränge von Kindern, Jungen, dicken Frauen? Ach, wie da geschubst, gestupst, gelacht wurde! Heitere, glückliche Augenblicke, für die Sie gern mit Pass, Portemonnaie und Armbanduhr bezahlt haben. Man soll nicht an materiellen Gütern haften!

Und wie war das in Krakau, als vor Ihnen jemand ging und plötzlich stehen blieb und sich bückte? Und Sie fielen fast über ihn, während jemand anderes entgegen kam, und irgendwie war Ihnen anschließend leichter zumute? Weil Sie nicht mehr so schwer an Ihrer Geldbörse zu tragen hatten? Schön war das! »Auf das Sein kommt es an, nicht auf das Haben.« So sprach der Philosoph Erich Fromm, der allerdings das Reisen hasste und als besitzsatter Millionär starb. Wir aber, die wir reisen, müssen uns mit solch erleuchteten Worten trösten.

Ich bin schon zum Buddha geworden, weil ich als Globetrotter auf alles und noch mehr hereingefallen bin. Auf den Freund, den ich noch nicht kannte, der in Paris einen Geldschein hoch hielt: Gehört der Ihnen? Während auf der anderen Seite meine Tasche verschwand. Auf das russische Mütterchen, dem all seine Münzen hinfielen. Als ich ihr beim Suchen geholfen hatte, war mein eigenes Geld verschwunden. Auf den Herrn, der mit dem Fuß umknickte und gestützt werden musste. Auf die Dame, die in Ohnmacht fiel. Auf den lustigen Menschen in Bahia, der mit einem »Huhu!« die Sonnenbrille von meiner Nase nahm, und als ich danach griff, wurden von jemand anderem meine Taschen geleert.

Wer reist, wird weise. Der lernt, dass es auf die inneren Werte ankommt. Weil die äußeren Werte unaufhaltsam abhanden kommen. Dank all der Freunde, die wir noch nicht kennen. Wir sind ihnen fremd, und doch opfern sie sich auf und

scheuen keine Mühe, uns die Weisheit zu lehren.
Danke.

Die Krise in der Ferienmitte

Sie kommt unfehlbar. Sie trifft uns besonders, wenn wir an einem einzigen Urlaubsort verweilen. Doch auch auf Rundreisen holt sie uns ein. Wenn die Bereitschaft, alles neu und wunderbar zu finden, schwindet. Sie gleicht dem Verblassen der ersten Verliebtheit. Es ist die Krise in der Ferienmitte. Gesättigt von neuen Eindrücken beginnen wir nach einigen Tagen, spätestens nach einer Woche, Mängel zu entdecken. Den schadhaften Straßenbelag, die fahrlässigen Kabelstränge an den Häusern. Und was sind das für abstoßende Rohbetonbauten mitten in der Altstadt? Am Anfang haben wir sie übersehen. Da waren wir noch wie berauscht von den Düften. Jetzt fällt auf, dass es hier streunende Katzen und Hunde gibt. Und die Müllberge an jedem Aussichtspunkt, werden die eigentlich mal weggeräumt? Oder sind die Leute unempfindlicher gegen Schmutz? Einige Räume im Hotel legen diese Vermutung nahe.
Das Wetter ist auch nicht so wie im Prospekt. Nicht dass wir unzufrieden wären oder gar undankbar. Nein. Nur ließe sich am Urlaubsort manches ganz einfach verbessern. Einiges mit einem schlichten Besen. Anderes durch Rücksichtnahme. Muss alles so laut sein? Am Anfang gab es keinen Lärm, da war alles Musik, jedes Geräusch klang nach Ferien.

Jetzt schmerzt uns, dass Busse und Laster völlig ungedämpft am Straßencafé vorbeiröhren. Bösartige Mopeds zerschneiden die erholsamsten Augenblicke.

Wir reden uns gegenseitig Verständnis ein: anderes Klima, andere Mentalität. Doch wir sind kritisch geworden. Hat unser Körper zu Beginn euphorisierende Hormone produziert? Und sehen wir jetzt die Wirklichkeit? Oder hat die pure Wiederholung den Bildern die Frische ausgetrieben? Wir haben uns längst an die Blicke gewöhnt. Den Fotoapparat nehmen wir schon gar nicht mehr mit. Jedenfalls steigen wir nicht mehr an jeder Kurve begeistert aus, sondern lassen allenfalls noch das Fenster herunter.

Hängt dieses leichte Unwohlsein damit zusammen, dass wir so eng aufeinander hocken? Oder dass wir doch nicht die richtigen Kleider mithaben? In den alten fühlen wir uns jedenfalls nicht mehr wohl. Die Beine sind müde, die Schuhe hinüber. Das höckerige Pflaster der Altstadtgassen fanden wir am Anfang malerisch, inzwischen peinigt es uns. Jetzt durchschauen wir, warum die alten Leute hier immer auf der Bank vor der Eingangstür sitzen. Weiter schaffen sie es einfach nicht.

Klar, wir wollten, dass alles anders ist als zu Hause. Deswegen sind wir verreist. Aber muss alles unbequemer sein? Wir sind keineswegs übertrieben anspruchsvoll. Aber die Speisekarten der Restaurants kennen wir allmählich auswendig. Und es lässt sich nicht leugnen, dass wir mehrmals ziemlich schlecht bedient worden sind. In den ersten Tagen waren wir verzaubert von den neuen Aromen. Mittlerweile fallen uns Vorschläge zur Verbesserung der Kochkunst ein. Rosmarin ist phantastisch. Aber muss gleich alles danach schmecken? Knoblauch soll gesund sein, doch in diesen Mengen? Und das ewige Weißbrot sitzt unverrückbar im klumpigen Zentrum unseres Körpers.

Außerdem ist keineswegs alles so billig, wie wir anfangs gedacht haben. Das hat sich beim genaueren Nachrechnen herausgestellt. Und die Mitbringsel, die wir etwas zu früh preiswert erworben haben, haben wir jetzt in einer Nebenstraße deutlich verbilligt gesehen; da, wo nachts sonderbare Männer in den Torwegen stehen. Es ist ja manches merkwürdig hier. Wir seufzen und freuen uns, dass wir Wein trinken können, um die Krise zu überspielen.

Können wir sonst etwas dagegen tun? Nein. Müssen wir auch nicht. Sie vergeht von selbst. Der nahende Abreisetermin bläst sie fort. Wenn uns die kurze Frist bewusst wird, die noch bleibt, wenn wir das Verrinnen der Zeit spüren, ergreift uns Wehmut. Und die verzaubert alles noch einmal. Wenn der Abschied nahe rückt, ist es fast wie am Anfang. Wir sind schmerzhaft glücklich und mit allem versöhnt.

Aufbautraining durch Lektüre

Sie lesen im Urlaub? Und sogar Bücher? Und die lesen Sie durch? Ich glaube, Sie sind nicht ganz ehrlich. Vor meinem inneren Auge sehe ich Sie im Strandkorb sitzen und Kreuzworträtsel lösen. Macht doch nichts! Ich gehe auch immer unter mein Niveau. Bücher sind dick und schwer. Man kriegt sie zu Weihnachten und nimmt sich vor, sie im Sommer abzuarbeiten. Aber wenn der Urlaub kommt, steht einem der Sinn nach Entspannung.
Ich nehme immer nur den Reiseführer mit und etwas Dünnes für schlechtes Wetter: Platons »Phaidon«, ein herrliches Werk. Zahlreiche Raumpflegerinnen in den Hotels dieser Welt kennen es. In meinem Zimmer liegt es immer auf dem Nachttisch, inzwischen malerisch angestoßen und abgewetzt, obwohl ich es nie aufgeschlagen habe. Das war nie nötig. Meist habe ich schon beim Verlassen des Flugzeuges etwas Besseres gefunden: ein angeblättertes Nachrichtenmagazin oder eine eselsohrige Zeitschrift über das Leben meiner Vorbilder in Monte Carlo und Beverly Hills.
Damit sind die kommenden Wochen gesichert. Im Urlaub lese ich jede einzelne Zeile. Kennen Sie das auch? Dieses gründliche Studium kleinster Nebensächlichkeiten? Dass Sie am Kiosk eine Zeitung kaufen, die Sie sonst nie kaufen würden, und dann

nicht nur das Neueste von Steffi, sondern auch noch die kleinsten Ergebnisse des Pferde-Totos einsaugen?

Diese Sucht hat tiefere Gründe. Natürlich ziehen sich manche Tage erstaunlich in die Länge, sobald wir uns erst einmal eingewöhnt haben. Aber vor allem sind wir auf Reisen selten allein. Meistens begleitet uns jemand, zuweilen sogar eine ganze Familie. Das intensive Analysieren gedruckter Zeilen ist unsere einzige Rückzugsmöglichkeit. Und obendrein sind wir in der Fremde. So aufgeschlossen wir für alles Neue und Andersartige auch sein mögen, es ist tröstlich, etwas Gewohntes zu finden, und seien es nur die Temperaturangaben vom Feldberg. Irgendetwas in heimatlicher Sprache.

Deshalb greifen wir auch erfreut zu den deutschsprachigen Eigenprodukten der Ferienländer. Ich meine nicht den »Budapester Lloyd« oder die »Allgemeine Zeitung« von Namibia oder den chilenischen »Condor«, obwohl man aus diesen Zeitungen noch lernen kann, was konservativ heißt.

Nein, mein Herz schlägt für Erzeugnisse wie den »Kanarischen Kurier« mit seiner Berichterstattung über neu eröffnete Strandbars an der Playa Ingles und über besuchenswerte Andenkenshops in Puerto de la Cruz. Ich begeistere mich für das »Mallorca Magazin« mit seinen dreitausend deutschsprachigen Immobilienanzeigen pro Ausgabe, eine Art Vorschein meines goldenen Lebensabends. Herrlich auch die karibischen »Varadero Nachrichten« mit wöchentlich erneuerten Erfolgsmeldungen aus der kubanischen Wirtschaftspolitik. Und selbst am Zei-

tungsstand des verfallenden »Cook Island Royal« durfte ich erleichtert aufatmen: Die »Rarotonga News« geben Geheimtipps zum Inselleben in parallelen Spalten auf Deutsch und Englisch preis.
Fremdenverkehrsmanager und Zeitungsmacher an den deutschen Lieblingsorten wissen um unsere Sehnsucht nach Kultur und Information. »Für etwas gesetztere Herrschaften ab 35 aufwärts bietet ›The Club‹ angenehme Stunden mit angenehmer Musik in angenehmem Ambiente. Hier ist alles sehr angenehm, und man trifft angenehme Leute«, entnehme ich dem »Maledive Standard«.
Das ist meine Sprache, das ist meine Welt. Ihre auch? Dann haben Sie bei Ihrem thailändischen Insel-Hopping auch den »Samui Welcome« ins Herz geschlossen mit seinem deutschsprachigen Essay »Das Strandleben ist generell entspannt und trotzdem unterhaltsam«. Und den Bericht über Masseusen aus dem »Sri Lanka Holiday« haben Sie sich sogar ausgeschnitten? Ich auch. Bildung gehört zum Urlaub.
Und weil die Reiseleiter nicht genug rüberbringen, muss man durch solche Lektüre nachhelfen. Deshalb verstehe ich auch nicht, was Freizeitforscher jetzt ermittelt haben: Dass die geistige Leistung bei einem vierzehntägigen Strandurlaub um zwanzig Prozent nachlässt. Dagegen kann man doch etwas tun! Geben Sie sich mit zwanzig Prozent Nachlass zufrieden? Ich schaffe hundert!

Mit Freunden reisen

Kennen Sie das: Vor der Reise war man bestens befreundet und hinterher herrscht Schweigen? Giesebrechts, hatten Sie gedacht, sind doch ein nettes Paar! Jetzt wissen Sie es besser. Obwohl Sie nur gemeinsam auf Fuerteventura waren. Das hat gereicht.

Oder Sie haben Tante Irmel mitgenommen nach Schweden, einerseits aus Barmherzigkeit, andererseits weil sie die ganze Reise maßgeblich finanziert hat. Und dann mussten Sie die schönsten Mittsommernnächte über der Frage verzweifeln: Wie werden wir sie wieder los? Ihre Ehe war in Gefahr und ist es heute noch, wenn die Sprache auf Tante Irmel kommt.

Oder war es umgekehrt: Sie sind allein mit einem Paar verreist? Weil Sie gerade mal niemanden hatten und sich eigentlich gut verstanden mit diesen beiden? Und dann blieb Ihnen nichts übrig, als sich deren banausigen Freizeitvorstellungen zu beugen? Im herrlichen Licht der Toskana mussten Sie den eskalierenden Streit der beiden ertragen. Erst haben Sie so getan, als hörten Sie nichts, bis einer versuchte, Sie auf seine Seite zu ziehen. Am nächsten Tag schwiegen beide sich an, und Sie machten harmonisierende Bemerkungen über den Frühling in Florenz und fühlten sich so unwohl wie lange nicht mehr.

Ich habe alle Varianten hinter mir. Natürlich mit Ausnahme der einzigen, die lustig sein soll: drei Frauen ganz allein und ohne Mann in einem Holzhaus am See. Alle anderen Reisen mit Freunden sind ein Härtetest. Einerseits, weil an unseren Freunden plötzlich Gewohnheiten zu Tage treten, die wir so genau gar nicht kennen lernen wollten. Weil zum Beispiel derselbe Witz, täglich gehört, entschieden an Charme verliert. Und andererseits und vor allem, weil es immer darum geht, wer das Sagen hat. Weil – zunächst subtil, dann immer deutlicher – um die Macht gerungen wird.
Auch Gewohnheiten üben Macht aus. Unser Freund Christian hat die Gewohnheit, beim Essen erstaunlich geräuschvoll zu kauen. Er lebt schon einige Zeit allein, und niemand macht ihn darauf aufmerksam. Wir auch nicht. Wir leiden still. Was quietscht und kracht da beim Frühstück in seinen Kinngelenken? Hört er es nicht? Warum muss er so manisch diese schrecklichen Körner zermahlen? Muss er überhaupt jeden Tag Müsli essen? Auf gemeinsamen Reisen bekommen solche Fragen existenzielle Bedeutung.
Ich liebe meine Mutter, selbstverständlich. Sie ist, besonders wenn man sie selten sieht, eine unkomplizierte Frohnatur. Deshalb nehmen wir sie mit nach Griechenland in unser gemietetes Häuschen am Meer. Aber dann steht sie mit der Morgensonne auf und räumt den Geschirrspüler leer. Jeden Tag. Kein Vorwurf, dass wir in den Ferien lange schlafen. Nur demonstratives Klappern um sechs Uhr früh. Anschließend Stille. Sie ist auf ihren langen

Morgenspaziergang aufgebrochen. Wir wissen nicht, wohin. Dürfen wir schon frühstücken? Die Kinder wollen. Also frühstücken wir. Und dann steht sie plötzlich in der Tür: Ach, ihr habt schon angefangen? In der Hand als blühenden Vorwurf einen Feldblumenstrauß.
Oder sind Sie als Familie mal mit einer anderen Familie in die Skiferien gefahren? Und als Sie ankamen, waren die anderen schon da und hatten sich das bessere Apartment gesichert? Oder hatten Sie sogar ein gemeinsames Haus gemietet, hörten die anderen bei allen Verrichtungen und wussten: Gleich muss ich auf dieses Klo? Und haben Sie bei der Gelegenheit die Kinder der anderen so richtig kennen gelernt? Am Anfang kamen die Bälger Ihnen womöglich noch intelligenter vor als die eigenen Kinder. Nach drei Tagen wussten Sie, was für unerzogene Scheusale das sind. Bis zu diesem gemeinsamen Urlaub hatten Sie es geschafft, diese Teufel freundlich und lieb zu behandeln. Das ist seither und für alle Zeit vorbei.
Oder sind Sie als Ehepaar mit einem anderen Ehepaar verreist? Etwa wie wir, mit Roland und Kathrin nach Neuseeland? Und Roland sprach dieses grauenhafte Stümperenglisch, drängte sich damit aber in völliger Ignoranz jedem Kellner und jedem Park Ranger und zufälligen Wandergesellen auf? Und die Leute fanden diesen grobianischen Roland auch noch lustig, während wir mit unserem erstklassigen Englisch und unserem vorzüglichen Benehmen irgendwie übersehen wurden? Grauenhafte Demütigung. Nur dass Kathrin sich den Fuß

verstauchte und drei Tage lang die Ausflüge versäumte, war ein Trost. Man konnte ihr am Abend vorschwärmen, wie herrlich es gewesen war.

Den umgekehrten Fall kennen Sie leider auch: Sie wollten mal allein sein, und die anderen sollten ohne Sie losziehen. Nach zwei Stunden fragten Sie sich bang: Was erleben die wohl? Und wussten schon: Egal was, sie werden es Ihnen in den schadenfrohesten Farben ausmalen.

Wer passt sich wem an? Wer leistet mehr Verzicht? Die lockere Rolle aus gelegentlichen Begegnungen lässt sich in der intensiven Nähe auf gemeinsamen Reisen nicht mehr durchhalten. Wir müssen uns offenbaren und lassen trotzdem das meiste unausgesprochen. Daher das schlechte Gewissen und die lange Sendepause danach.

Ich habe nur eine einzige Reise mit einem Freund wirklich genossen. Er machte klaglos alles mit, was ich wollte, passte sich vorbildlich an und widersprach nie. Ich weiß noch, wie er am Ende beteuerte, dass er die Reise schön fand. Komischerweise habe ich seitdem nie wieder von ihm gehört.

NACHSAISON

Kenner reisen in der Nachsaison. Wenn die Postkartenkäufer eingepackt haben und die Blaskapellen verstummt sind. Dann begeben Individualisten wie Sie und ich uns in die Ferne. Die Straßenkünstler malen nicht mehr, die lebenden Statuen schlafen sich aus, die Bettler verprassen die Einnahmen des Sommers.
Die Altstädte gleichen nicht länger überfüllten Andenkenläden. Wir können frei ausschreiten. Warteschlangen gibt es nicht mehr. Für den Leihwagen finden wir sofort einen Parkplatz. Selbst am Strand haben wir freie Wahl. Allerdings wissen wir nicht so genau, was wir damit anfangen sollen. Denn so warm wie versprochen ist es nie. Wir haben gehofft, in den Sommer zurückzufahren, wenigstens in den Spätsommer. Nun sind Pullover und Windjacken nötig, und das mit dem Draußensitzen ist mehr was für Abgehärtete.
Unsere Pension ist still und leer. Beinahe. Außer uns ist nur ein einziges anderes Ehepaar anwesend. Musste es ausgerechnet dieses Paar sein? Muss dieser unbedeutende Mann so schnarchen, dass nachts die leeren Zimmerfluchten beben? Wirkt seine Frau deshalb so abweisend?
Auch dafür sorgt die Nachsaison: Die Begegnungen sind persönlicher. Und das ist nicht immer erfreu-

lich. Die Kellner haben es aufgegeben, Charme vorzutäuschen. Wir sind nicht unerwünscht, das nicht, aber man fragt sich, warum wir noch hier sind. Die Pferdekutschen fahren nicht mehr. Die Ballonflüge sind eingestellt worden. Die Konzerte im Kloster finden nicht mehr statt. Der berühmte Flohmarkt ist am vergangenen Sonntag zum letztenmal aufgebaut worden. Wahrscheinlich war es ohnehin nur Nepp.

Das Museum schließt nicht um sechs, wie der Reiseführer behauptet, sondern bereits um vier. Die Tür der kleinen Privatgalerie ist verschlossen. An der Tür klebt ein Zettel; wir schreiben die Telefonnummer ab, aber anrufen werden wir nicht. Das Mittagsangebot beschränkt sich auf zwei Tellergerichte. Egal, welches wir nehmen, wir werden feststellen: Der Koch ist verreist, jetzt übt die Putzfrau. Wir wollten die Massen vermeiden und trotzdem das volle Angebot genießen. Das funktioniert nicht. Führungen finden nur noch einmal in der Woche statt, meist an dem Tag, den wir gerade versäumt haben. Die Plakate kleben noch, aber was sie ankündigen, ist längst passé. Für Fahrten zu Walgründen und Robbenbänken ist es zu spät, geführte Wanderungen zu geheimen Murmeltiertreffpunkten gibt es nicht mehr, die Brutplätze der Schnabeltiere werden nächstes Jahr wieder besichtigt. Wenn wir auf eigene Faust in die Wildnis spazieren, geraten wir in eine Treibjagd.

Das Wetter? In nördlichen Ländern eine ermattende Sonnenscheibe, fahles Grau, eine Kuh schnauft im Nebel. Im Süden stehen Ziegen auf der Straße, die Lavendelfelder sind abgeerntet, das Land wirkt braun und unfrisch, die Einheimischen freuen sich unverblümt über Regen.

Man hat nicht mehr mit uns gerechnet. Wir reden uns ein, dass wir froh sind, all das ganz nur für uns zu haben, ohne die Horden. Aber wenn wir wirklich allein sein möchten, sind wir es nicht. Wir wollten uns in Lucca mal ganz wie echte Einwohner fühlen. Und treffen lauter späte Bildungsreisende, die uns so gequält anlächeln wie wir sie. In Sevilla regnet es. Und trotzdem: Im Orangenhof drängen sich lärmende Gruppen, nun auch noch um tropfende Schirme vermehrt.

Bei Sonnenuntergang erreichen wir die vergessenen hellenistischen Säulen. Und treffen jede Menge andere Spätreisende, die den Platz ebenfalls mal ganz für sich genießen wollten. Der Imbiss schließt gerade. Noch ein Eis essen, um Sommer vorzutäuschen? Der Verkäufer kratzt den Bodensatz seiner Truhe zusammen. Erdbeer? Da müssen Sie nächstes Jahr wiederkommen. Wir kosten den schalen Rest und ziehen die Schultern hoch. Nachsaison. Wir haben es so gewollt.

Als Mann im Urlaub

Sie sind ein Mann? Dann sind wir unter uns. Aber Sie sind eine Frau? Und wollen mit einem Mann in Urlaub fahren? Dann habe ich hier ein paar lebenswichtige Informationen.
Ihr Mann hilft nicht beim Kofferpacken? »Ich brauche nur Badehose, Sonnenbrille, Schluss«, äußert er? Oder: »Ich nehme den kleinen Rucksack von Leonard, da passt alles rein.« Richtig so. Auch ich finde es unmännlich, einen ganzen Koffer Klamotten zu benötigen. Wie jeder Mann bin ich in meinem Herzen Pionier und Naturbursche. Und wenn ich am Urlaubsort kein Hemd zum Wechseln habe, wenn die Tennisschuhe fehlen oder ein Pullover am Abend doch ganz schön wäre, dann ist zum Glück meine Frau verantwortlich.
Das kennen Sie? Dann nehmen Sie es bitte hin. Als genetisch gegeben. Weil Sie als Frau Mutter werden können, sind Sie von der Evolution mit mehr Verantwortungsgefühl und mit Geschick für den Alltag ausgestattet. Uns, den gedankenverlorenen Männern, mangelt es daran. Seien Sie also stolz auf Ihre Begabung. Und packen Sie die Koffer weiterhin allein.
Gut, und dann sitzen wir Männer also am Steuer. Als unbestrittene Herrscher der Autobahn. Leider in einem dieser Staus, die nicht angesagt werden.

Und fühlen uns umgeben von Deppen. Wenn wir selbst weiter vorn gefahren wären, wäre das nicht passiert! Und jetzt? »Da können wir ja gleich umkehren und nach Hause fahren.« Der eine Mann prügelt in diesem Fall das Steuerrad. Der andere orgelt am Radio alle Sender durch. Der dritte versucht, sich auf dem Standstreifen vorbeizumogeln. Weibliche Aufheiterungsversuche – »Ist doch nicht so schlimm, wir können ja eh nichts ändern« – bringen ihn allerdings endgültig zum Ausflippen. Lassen ihn aber zugleich die Schuldige orten: »Du musstest ja noch tausend Leute anrufen, deswegen ist es so spät geworden!«

Kennen Sie das? Ich verrate Ihnen, was abläuft: Im Gegensatz zu Ihnen, der mitfühlenden Frau, empfindet sich ein Mann im Straßenverkehr als Wettkämpfer. Er sieht lauter Konkurrenten um sich und nicht, wie Sie, lauter gemeinsam Leidende. Außerdem ist er zielorientiert. Beuteorientiert. Und im Stau werden ihm Ziel und Beute böswillig verweigert. Sie verstehen: Uralte Biologie lässt uns toben. Dieselbe Energie, die uns so leidenschaftlich macht. Deshalb stören Sie bitte nicht.

Gut. Dass wir in fremden Städten nie nach dem Weg fragen, haben Sie schon gemerkt und entsagungsvoll akzeptiert. Meine Geschlechtsgenossen und ich haben nun mal einen unfehlbaren Orientierungssinn, noch mitgebracht aus der alten Nomadenzeit. Wir kennen den Weg instinktiv. Oder wir finden ihn jedenfalls, selbst wenn es darüber Nacht wird. Also demütigen Sie uns nicht durch Fragen an einheimische Passanten. Und dass wir

im landestypischen Spezialitäten-Restaurant nach einem Jägerschnitzel oder Holzfällersteak verlangen, verzeihen Sie gütigst. Wir sind nun mal Jäger und Holzfäller. Das macht uns so liebenswert.
Und trotzdem hatten wir nebenbei noch Zeit, die Kultur zu erfinden. Das macht uns bewundernswürdig. Römische Mosaiken, maurische Fresken, Barockfassaden, Kathedralen: Bitte gönnen Sie uns unser unangefochtenes Expertentum. Wo immer, was immer – wir wissen Bescheid (»eindeutig Renaissance«). Und haben es nicht gern, wenn Sie uns aus einem papiernen Kulturführer lästige Details vorlesen (»frühe Gotik«).
Wir schätzen es ebenfalls nicht, wenn wir in der Gruppe hinter einem schwatzenden Fachmann hertrotten sollen. Hinter anderen Leitwölfen herzulaufen ist grundsätzlich nicht unser Ding. Weshalb Sie bitte auch begreifen, dass wir depressiv werden, wenn Sie selbst vorangehen, und womöglich noch in Juwelierläden und Boutiquen. Was Sie einen Shopping-Spaß nennen, ist für uns der reine Albtraum. Außerdem haben Sie doch letztes Jahr schon eine Ledertasche gekauft! Was soll das jetzt? Und ein Kleid? »Ja, klar, das steht dir, nimm das jetzt und lass uns hier rausgehen.«
Kurz: Wir liebenswerten Männer wollen den Urlaub nicht dazu verwenden, uns der Familie zu widmen oder gar partnerschaftliche Gespräche zu führen. Wir möchten uns erholen. Also in Ruhe gelassen werden. Genau wie immer! Es ist alles ganz einfach.

Lawinetreten und anderer Wintersport

Skifahren hat etwas Wildes, Ungezähmtes. Vor allem in der unberührten Bergwelt. Besonders an einem Ort, an dem man das Gefühl hat, die Zeit sei stehen geblieben. Ich brauche Ihnen nicht zu sagen, welcher Ort das ist. Die Prospekte behaupten es von jedem Ort der Alpen. Und es stimmt! Wenn Sie am Abend der Ankunft durch die Gassen gehen, stellen Sie fest: Nichts hat sich verändert.

Da ist der alte Andenkenladen mit Dirndln und Gamsbärten und Teddybären auf Brettern. Der Skiverleih, in dem es immer so schön duftet nach dem Desinfektionsspray für ausgetretene Stiefel. Die Pizzeria, in dem die Einlegesohlen dieser Stiefel serviert werden. Der Aushang der Umweltschutzgruppe gegen Schneemaschinen.

Und da, hmm, da sind auch die Nachbarn vom letzten Jahr. Eigentlich hatten sie doch versprochen, in diesem Jahr woandershin zu reisen? Aber das haben wir ja auch behauptet und sind nun wieder hier. Vermutlich werden sie uns oben wieder mit ihren Snowboards die Skier abrasieren. Oder wir treffen sie unvermeidlich im Waschhaus. Wenn die nicht sowieso neben uns wohnen in dem rustikalen Apartmenthaus mit den Gaskaminen und den rotweiß karierten Gardinen. Am besten Wand an Wand; dann hören wir wenigstens, wo ihre Kinder in diesem Jahr »Lawine treten« spielen wollen.

Ja, die Zeit scheint stehen geblieben zu sein. Es ist noch dasselbe Parkhaus, in dem wir den Wagen abstellen, direkt an der Talstation. Schnell die Dehnübungen. Zu Hause sind wir nicht zur Skigymnastik gekommen. Aber der Kampf mit den Elementen ist ohnehin echter, wenn man sich nicht spießig auf alles vorbereitet. Apropos Vorbereitung: Wie war doch gleich der Unterschied zwischen Talski und Hangski? Sind Talski die kurzen breiten und Hangski die langen eingekerbten oder umgekehrt? Das ist wie mit Steuerbord und Backbord, man muss immer wieder raten.

Am besten beim Jagertee, dann bleibt es haften, beim Aufenthalt auf der ersten Station. Da kann ich mich anfangs immer nicht entscheiden, auf welche Piste ich soll, auf den Kogel, auf den Gugel oder auf den Schrobl? Überall wird einem ein sicherer Parallelschwung in mittelsteilem Gelände versprochen. »Sicher« klingt gut, »Schwung« auch, aber »mittelsteil«? Nach meiner Erfahrung gibt es auch auf allerflachsten Ebenen seltsame Huckel, von denen bis zum Erreichen unklar bleibt, ob dahinter nicht ein Abgrund gähnt. Und wie war das mit dem Schlepplift? Beine durchdrücken, wenn dieses T-förmige Kunststoffteil heranschwebt, oder Beine anziehen? Stehen bleiben oder draufsetzen?

Egal, ich verlasse den Schlepplift sowieso gern unterwegs. Weil ich die unberührte Natur liebe. Ganz intuitiv fährt irgendwann immer mein linker Ski über den rechten – Kenner nennen es Freestyle –

und weil dann schon die nächsten Schlepper kommen, robbe ich rasch aus dem Gefahrenbereich und bin bald im tief verschneiten Zauberwald. Ahh, das nenne ich echt! Von wegen gebahnte Pisten! Hier ist der Schnee noch hüfthoch. Wie ein ungezähmter Bergvagabund schultere ich die Skier und wandere zurück zur Talstation. Das ist Wildnis, das ist Romantik!

Beim Heraustreten aus dem Wald begegne ich meist der Gruppe »Aktiv 50 plus«. Der habe ich mich schon manches Mal angeschlossen. Vielleicht haben Sie mich da gesehen? Ich war der, der ganz vorne stand und mich gegen die rüstige Dame lehnte und die dann gegen den rotnasigen Herrn und so weiter, Domino, die Szene ist auch verfilmt worden. Im nächsten Jahr musste ich hinten stehen, und alle fielen auf mich drauf.

Aber ich liebe diese körperliche Herausforderung: wenn ich alle Muskeln und Sehnen und Knochen spüre. Besonders vom dritten Tag an, wenn ich mich nicht mehr bewegen kann und all die Lords of the Boards und Fackelabfahrten und Brasil Tropical Galas und Winterpferdefeste an mir vorbeiziehen lasse. Denn all das hat sich nicht verändert. Die Zeit scheint stehen geblieben. Es ist immer noch derselbe Knochenpapst, der mir die Hand schüttelt, in derselben chirurgischen Klinik, die nur von Dezember bis März geöffnet hat, in der ich die ungezähmte Zeit zünftig beschließe.

Weihnachten im Süden

Sind Sie noch da? Oder sind Sie schon weg? Sitzen Sie in Ihrem Ohrensessel und sehen raus, und da ist alles grau und es regnet? Und denken: Hoffentlich haben die in Mallorca jetzt auch schlechtes Wetter? Oder sehen Sie bereits aus einem mallorquinischen Fenster und erinnern sich an ferne Erdkundestunden? Als man Ihnen beigebracht hat, dass das Mittelmeer ein Winterregengebiet ist. Jetzt wird Ihnen allmählich klar, was gemeint war.

Ich kenne das. Argwöhnisch beobachtet man die deutschen Fernsehprogramme. Und hofft inständig, dass es den Daheimgebliebenen noch schlimmer ergeht. Dass die so richtig gemeines Glatteis haben. Überfrierende Nässe. Blechschäden. Darf man sich denn nicht wenigstens zu Weihnachten etwas wünschen? Eben.

Es geht uns doch allen so. Einerseits wollen wir da bleiben. Aus Treue. Weil es bequemer ist. Und andererseits zieht es uns weg. Die Kinder wollen nicht mehr mit uns feiern. Oder wir wollen nicht mehr mit den Eltern feiern. Und die Sache mit Tante Hilde, die keinen Alkohol verträgt und dann auch noch singt, die müssen wir uns auch nicht mehr antun.

Also hauen wir ab. Nach Phuket, zum Beispiel. Thailand. Das ist so weit weg, da sind wir garantiert sicher vor Untersetzern aus gebügelten Strohhalmen und Topflappen aus Stricklieslwürsten. Sind wir es wirklich? Gewiss, wir sonnen uns auf den Veranden palmblattgedeckter Séparées. Aber plötzlich schickt das Hotel für seine deutschen Gäste – und leider sind alle Gäste Deutsche – Domspatzen und Sängerknaben durch die hauseigene Anlage. Na schön. Dann packen wir den mitgebrachten Tannenzweig aus und den Aldi-Champagner. Tun wir weihnachtlich. Gedenken wir der Daheimgebliebenen. Hoffentlich versinken sie im Schmuddelwetter, die Finger klamm, die Nase tropfnass.

Oder Kenia. Nicht weit von Mombasa gibt es dieses Hotel im Kolonialstil. Sie wissen? Genau. Majestätisch rollen die Wogen an den Strand. Zu Hause zermartern sich unsere Freunde gerade den Kopf, was sie wogegen umtauschen sollen und ob sie am Montag wirklich noch mal in die Fußgängerzone müssen mit all den Musikanten und Pappschildträgern und Anbietern ranziger Obdachlosengazetten.

Nicht wir. Nicht in Kenia. Wir müssen lediglich eine Stunde nach dem Essen an das Malariamittel denken. Oder hat es geklopft? Mal öffnen. Nanu, ein Weihnachtsmann? Er bringt Marzipankartoffeln, kandierte Äpfel und Spekulatius.

Ja, es ist zum Seufzen. Auch in Kenia. Inzwischen überall. Auf den Malediven. Auf Bali. Mag sein, dass der Mann unter der Kapuze mal überraschend dunkelhäutig ist oder dass er irgendwie an Buddha erinnert. Aber immer lacht er breit, beherrscht die

erste Strophe von »Jingle Bells« und lässt dazu ein Glöckchen klingen.
Denn auch außerhalb des christlichen Kulturkreises scheuen die Hotelmanager inzwischen keine Mühen mehr, Weihnachten für ihre Gäste zu inszenieren. Sie bieten ein festliches Dinner mit Gänsebraten und Plumpudding und Strohsternen auf dem Tisch. Sie importieren Tannenbäume, stellen Krippen auf und lassen einen elektrischen Kamin flackern. Selbst wenn draußen die Luft vor Hitze spiegelt.
Wir wollen das gar nicht. Wir wollen nur Frieden. Aber bei irgendeiner zentralen Schulung muss ein Tourismustrainer die Weihnachtsbotschaft verbreitet haben. Und sie hat entsetzlich gefruchtet. Wir wundern uns nicht über lebende Nussknacker in den Hotels von Disneyland. Wohl aber über den Rentierschlitten in der »King's Lodge« auf Maui. Das Galadiner in St. Moritz wird von Rauschgoldengeln und erzgebirgischem Baumschmuck begleitet. Akzeptiert.
Aber wieso kokelt in der Halle des »Royal« auf den Seychellen ein Räuchermännchen? Ist das am Ende eine alte kreolische Sitte? Und während sich in der Hitze von Mauritius unsere Bienenwachskerze krümmt, fragen wir uns, wer auf dieser Insel solche seltsamen Printen backt.
So entlegen die Hotels sein mögen, ob sie moslemisch, konfuzianisch, von Anhängern des Voodoo-Kultes oder des Vierzehnten Karmapa geführt werden – als Weihnachtsflüchtlinge müssen wir darauf gefasst sein, beim Frühstück einem Mann

im roten Umhang zu begegnen und unser Zimmer bei der Rückkehr um einen Adventskranz und steinharte Lebkuchenherzen bereichert zu finden. Wir sind verreist, um der Klaustrophobie im Familienkreis zu entgehen. Wie wollten den Rummel meiden und dennoch nicht einsam sein. Ohne Kitsch auskommen und trotzdem was fürs Gefühl tun. Es ist unmöglich. Die Gans, die uns im »Nacional« in Havanna serviert wird, duftet nach misslungenem Fünfjahresplan. Der Original Dresdner Christstollen im »Beach Resort« von Goa enthält einen sonderbaren Ersatzstoff für Marzipan.

Nicht dass wir auf diese Leckerbissen angewiesen wären. Die Hotels glauben einfach, sie müssten sie servieren. Vom großen Kostümball in Nassau – die Frauen als Engel, die Männer als Nikoläuse – wollen wir gar nicht erst reden.

Da hätten wir gleich in ein Tiroler Seitental reisen können, wo man unverfälschtes Brauchtum anbietet, mit Anglöckeln und Perchten nach Rauriser Art. Oder in das bekannte Burghotel mit seinem gefürchteten Begrüßungscocktail »Burg in Flammen«. Wo haben wir noch diesen Kennenlernabend durchgemacht mit Punsch und anschließender Fackelwanderung unter Leitung der Hoteldirektion? Und das Diät-Weihnachten, bei dem wir uns gestritten haben, war das in Marienbad? Und hat nicht das Vollwert-Festessen in Bad Reichenhall uns beinahe endgültig auseinander gebracht? Ich erinnere mich an einen Öko-Baum mit braunen Schleifchen aus Recyclingpapier.

Bleiben wir tapfer. Egal wo wir der Harmoniepflicht ausgesetzt waren: Spätestens bei der Rückkehr erwecken wir den Eindruck, dass wir es besser gehabt haben als die daheim. Ob wir uns beim Eisstockschießen auf Curaçao auseinander gelebt haben oder beim Holy-Night-Zitherabend am Fuße des Ayers Rock, wir kehren zurück mit überlegenem Lächeln.

Schließlich setzen wir darauf, dass anlässlich der diesjährigen Bescherung die Feindschaft zwischen unseren Geschwistern und der Erbtante offen ausgebrochen ist. Schade, ihr Lieben!, können wir dann milde sagen. Macht es wenigstens beim nächsten Mal anders! Unterwerft euch nicht wieder dem Feierzwang! Fahrt einfach weg! Macht es wie wir!

Während wir insgeheim den berühmten Gruß murmeln, den der Poet Rilke von einem Weihnachtsaufenthalt nach Hause schrieb: »Wer spricht von Siegen? Überstehen ist alles.«

Wie man Mängel zu Vorzügen macht

Reisen bildet. Nach jedem Urlaub verstehen wir die Welt ein bisschen besser. Wir sehen nicht mehr nur die Oberfläche. Wir erkennen allmählich des Lebens tiefere Bedeutung. Zum Beispiel wusste ich lange nicht, was »internationale Atmosphäre« bedeutet. Bis ich in einem Hotel logierte, das laut Prospekt über diesen Vorzug verfügte. Ich hatte an englische Aristokraten und französische Regisseure gedacht. Aber »internationale Atmosphäre« bedeutet: Fidele Vereine und täglich wechselnde Busgruppen sorgen für Stimmung. Aus allerlei Ländern natürlich, vor allem aus solchen, in denen der Alkohol teuer ist. Nun trichtern sie sich den Jahresbedarf ein und singen dazu immer schwerer erkennbare Nationalhymnen. Das ist internationale Atmosphäre.
Und was haben Sie auf Ihren Reisen gelernt? Was eine »Idylle in ruhiger Lage« ist? Ja, so etwas hatte ich auch mal. Es bedeutet, dass es in dem Ort früher mal einen echten Kaufladen gegeben hat. Jetzt ist noch eine Telefonzelle übrig. Zum nächsten Restaurant muss man dreißig Kilometer fahren, am besten mit dem Bus, der jeden Morgen um fünf Uhr vorbeikommt.
Oder hatten Sie sich einen »aufstrebenden Ferienort« ausgesucht? Dann verstehen Sie nun die eigent-

liche Bedeutung des Aufstrebens: Ab sechs Uhr morgens drehen sich die Baukräne. Sie mussten durch abgesperrte Ausschachtungen klettern, um etwas kennen zu lernen, was Sie sich so auch nicht vorgestellt hatten: den »Naturstrand«. Klingt nach ungezähmter Brandung, wilder Küste, kilometerlanger Freiheit. Aber »Naturstrand« bedeutet lediglich, dass niemand sich darum kümmert, weder um Treppen, Stege, Strandkörbe noch um den Abfall, der aus allen Himmelsrichtungen hier angeschwemmt wird.

Hatte der Katalog Ihnen ein Hotel »am Meer« versprochen, sogar ein »Zimmer zur Meerseite«? Sehen Sie, da sind Sie nun ebenfalls um wertvolles Wissen reicher. Genau wie ich, seit ich in Budapest »an der Donau« wohnte, in einem »Zimmer zur Burgseite«. Sie haben das Meer von Ihrem Zimmer aus so wenig gesehen wie ich damals die Donau oder die Burg. Dafür hatten Sie ungetrübten Blick auf ein Bürogebäude mit orange verspiegelten Fenstern. Dahinter lag die als »Strandpromenade« bezeichnete Schnellstraße, dahinter der Ölhafen, Tourismusmanager sagen gern: das Meer.

Oder war Ihr Hotel »zentral gelegen«, vielleicht gar »verkehrsgünstig«? Dann wissen Sie, wie es ist, im Zentrum des Lärms zu wohnen, mit Surround-Sound rund um die Uhr. Die Fenster ließen sich ohnehin nicht öffnen, deshalb waren Sie froh, dass Ihr Zimmer wenigstens »klimatisierbar« war. Es hat Sie einfach beruhigt zu wissen: Dieses Zimmer könnte klimatisiert werden, wenn denn die nötigen Installationen in Stand gesetzt würden. Das ist ge-

nauso wie mit dem beheizbaren Pool, in dessen arktischer Kälte ich mich jüngst abhärten durfte. »Beheizbar« ist nicht »beheizt«, habe ich gelernt. »Beheizbar« drückt nur eine Möglichkeit aus, keine Tatsache. Genau wie bei Ihrer Klimaanlage.
Müssen denn immer alle Möglichkeiten ausgeschöpft werden? Freuen wir uns einfach, dass es sie gibt. Ihr Zimmer hätte dunkel und unfreundlich sein können. Aber ich wette, es war wie versprochen »hell und freundlich«, zumindest ersteres, wenn Sie das Licht einschalteten. Seien wir zufrieden, wenn es sich nicht um die kläglichste aller schöngefärbten Varianten handelt: um die »zweckmäßig eingerichtete Unterkunft«. Dann schon lieber »kinderfreundlich«, was nach meiner Erfahrung übrigens gleichbedeutend ist mit »Haustiere willkommen«.
Ja, wir lernen mit jeder Reise. Und im Laufe der Jahre erwerben wir ein unbestechliches Unterscheidungsvermögen. Ganz am Anfang wussten wir lediglich, was uns bei »kontinentalem Frühstück« erwartete. Inzwischen braucht uns auch über das so genannte »verstärkte Frühstück« niemand mehr aufzuklären. Nach schmerzhaften Koliken haben wir gelernt, »internationale Küche« zu meiden, weil das einfach heißt, dass sich der Koch hier alles erlaubt, falls ein Koch überhaupt existiert. Wir erkennen die tiefere Bedeutung der hohen Worte. Wir schauen der Wahrheit direkt ins Gesicht.
Apropos: Haben Sie auch den »Direktflug« gebucht? Dann lassen Sie uns bei der Zwischenlandung ein wenig plaudern! Ich erläutere Ihnen dann gern,

warum ein Direktflug kein »Non-Stop-Flug« ist. »Direkt« bedeutet nur, dass wir das Flugzeug nicht zu wechseln brauchen. Stattdessen haben wir beim Zwischenaufenthalt ein paar Stunden Zeit für ein Gespräch. Mein Vorschlag: Lassen Sie uns trainieren. Üben wir uns in der brancheneigenen Kunst, Mängel als Vorzüge zu tarnen. Wir brauchen diese Kunst gleich nach der Rückkehr – um unsere Freunde neidisch zu machen!

Glück und Schmerz auf Luxusreisen

Luxusreisen sind der Schlüssel zum Glück. Denn das Glück liegt in der Ferne. Und es kostet Geld. Jedenfalls glauben wir das. Sonst würden wir nicht so viel reisen und sonst würden wir uns nicht nach Reichtum oder wenigstens Sicherheit sehnen. Und möglicherweise ist es eines Tages so weit: Wir treten eine Luxusreise an. Wir haben sie nicht im Preisrätsel gewonnen, wir haben sie uns erarbeitet. Sie ist der Lohn für harte Zeiten, sie wird uns entschädigen für manche Entbehrungen. Und nebenbei schadet es nicht, wenn sie unsere daheim bleibenden Freunde zu Neid und Anerkennung nötigt.
Wir brauchen kein Hotel mit goldenen Wasserhähnen und Alabasterbadewannen, wir wollen nicht protzen. Luxus ja, aber bitte diskret.
So treten wir eine Kreuzfahrt an. Keine auf einem Megaschiff, wo viertausend Leute durch Kasinos und Shopping Malls wimmeln, Essenssäle in Kantinen verwandeln und die Bräunungsstudios belegen, weil sie bei vierzehn Decks kaum mehr ins Freie kommen. Nein, wir wählen die edle Variante: auf einer Yacht, die auch kleine romantische Häfen anlaufen kann und bei der das Ausbooten keine Zeit kostet. Wenn wir mit einem Windjammer segeln, blähen sich tausend Quadratmeter weißes Tuch über uns. Die Sonne bescheint den Liegestuhl

aus Edelholz, im Wind fliegen Spritzer von Salzwasser mit, jeden Tag lockt eine andere Stadt mit bunten Gassen und abends bittet der Kapitän zum Dinner. Das macht glücklich.
Oder könnte glücklich machen. Wenn nicht ein paar Leute mit fragwürdigen Tischmanieren sich hemmungslos ausbreiten würden. Sogar am Kapitänstisch reden sie mit vollem Mund und fuchteln mit dem Messer. Sind das die Kreuzworträtselgewinner? Bei Betrachtung der Kabinen stellen wir fest, dass wir lieber etwas weiter weg von der Maschine wohnen würden. Warum sind andere vorgezogen worden? Einige, gerade die unangenehmsten, machen die Tour schon zum sechsten Mal und beanspruchen Hausrecht. Nicht dass wir uns nach dem baldigen Ende der Reise sehnen, doch die Aussicht, dass wir diese Menschen ab Zielhafen nie mehr wiedersehen werden, ist verlockend.
Begeben wir uns auf eine Flusskreuzfahrt. Nicht von Hamburg nach Dresden oder von Passau zum Schwarzen Meer wie alle anderen. Nein, wir gönnen uns etwas und reisen exklusiv und weit weg, etwa durchs goldene Birma auf dem Fluss Irawadi, mit einem Schiff namens »Road to Mandalay«. An Bord sind Engländer und Amerikaner, das erspart uns Gespräche über das Klima in Stuttgart und anstehende Landtagswahlen. Luxus heißt ja: das alles vergessen können. Wir möchten versinken in der Aura dieses Landes, freuen uns auf Pagoden, verwunschene Tempel, heilige Bo-Bäume, wir wollen die unberührten Geheimnisse kosten und uns doch dabei sicher fühlen. Das ist im Katalog garantiert.

Aber nun stehen lauter Eingeborene am Ufer, denen selten ein schneeweißer Kreuzer mit lauter Reichen erscheint. Jedesmal wenn wir vor Anker gehen, warten hunderte ausgezehrter Birmanen und starren uns stumm entgegen. Kinder laufen herbei; sie betteln nicht, doch der Weg zu den Sehenswürdigkeiten ist ein Spießrutenlauf. Mit angestrengter Würde schreiten wir durch ein Spalier aus Armut und Schweigen und versuchen lächelnd so etwas wie Aufgeschlossenheit zu signalisieren. Doch nicht einmal die goldenen Buddhastatuen können unsere Beklommenheit lösen. Wir wollten Luxus, ja, aber wir wollten uns nicht dafür schuldig fühlen. Es ist geradezu erleichternd, als es prasselnd zu regnen beginnt. Vielleicht bleiben wir besser fern von mittellosen Eingeborenen.

Bleiben wir unberührbar. Betrachten wir die Welt wie aus einem Aquarium, etwa aus den verglasten Aussichtsabteilen eines Luxuszuges. Im Eastern & Oriental von Singapur nach Bangkok sitzen wir in weichen Fauteuils hinter getönten Panoramascheiben und winken im Vorüberrauschen der Bevölkerung mit ihren Handkarren aufmunternd zu. Die Landschaft wirkt leider nicht halb so fremd und faszinierend, wie wir dachten. Aber die Tischdecken im Zug sind aus Damast, die Innenverkleidung aus Myrtenholz. Die Kleidung zum Five o'clock tea hat entsprechend nobel zu sein, sonst rümpfen die Stewards die Nase. Unsere Etikette steht unter Beobachtung; so richtig entspannend ist das auch nicht. Im Rovos Rail Train, geschleppt von der dampfenden Historienlok »Pride of Africa«, können wir immerhin ohne Kleiderzwang in der Abteilbadewanne sitzen, den Blick auf die Bananenplantagen zwischen Kapstadt und Pretoria, die endlos vorbeiziehen, während das Wasser über den Wannenrand schwappt. Das tut es, denn auch teuerste Luxuszüge gleiten nicht auf Samt. Sie rütteln und rumpeln. Im Great South Pacific Express, einem dekorativen Revival der zwanziger Jahre, ruckeln wir von Sidney nach Cairns. Die Kängurus im Grasland sind vom zweiten Tag an kaum noch interessanter als die Rehe zwischen Kassel und Würzburg. Immerhin bekommen wir sie als Filet auf den Teller. Die Kellner tragen weinrote Uniformjacken mit vergoldeten Knöpfen. Umgeben von Edelholz, Plüsch und Messingbeschlägen lassen wir uns Cocktails servieren, um bettschwer zu werden. Es würde ja alles perfekt und unübertrefflich sein, wenn wir nur nachts schlafen könnten. Aber das ist schwierig in Zügen. Müssen all diese Schwellen sein? Und die sonderbaren Bremsmanöver? Die Donnerschläge entgegenkommender Züge?

Glück, schrieb Fontane, ist, dass man gut geschlafen hat und einen die Schuhe nicht drücken. Beides, stellen wir fest, ist auch auf der luxuriösten Reise nicht ohne weiteres zu haben. Schweigen wir von den Kreuzflügen. Zwar ist dort jedem Passagier ausreichend Beinfreiheit zugesichert. Einigermaßen thrombosefrei gelangen wir also nach Lahore in Pakistan, von dort nach Yogyakarta in Indonesien, danach nach Neuseeland, nach Tasmanien, Sydney, Hayman Island und schließlich via Kuala Lumpur und Qatar zurück, alles in zwanzig Tagen. Wir

haben die stolze Gewissheit, dass nur ganz wenige Menschen sich diese Reise leisten können. Aber dafür dürfen alle anderen zu Hause bleiben und können in ihrem eigenen Bett schlafen. Dass wir sie auf dieser Reise häufig beneiden, verschweigen wir besser. Weil wir viele-tausend Euro bezahlt haben, müssen wir Begeisterung vortäuschen, auch wenn die innere Uhr total zerrüttet ist und die Eindrücke nur noch anhand von Fotos unterscheidbar sind.
Vielleicht sollten wir am Boden bleiben. Wir begeben uns auf Luxus-Safari. Im Eagle Island Camp im Okavango-Delta schlafen wir in fürstlichen Zelten mit ummauerter Dusche. Bei unseren Pirschfahrten im offenen Geländewagen sind wir den Nashörnern oder Elefanten beinahe ebenbürtig. So nah kommt ihnen keiner. Nur der Wildhüter, mit dem wir hier so gut wie allein sind. So gut wie. Warum musste ausgerechnet in dieses Paradies ein Schwadroneur mitreisen, der zu jeder Gelegenheit impertinent laut spricht? Kein Krokodil frisst ihn, kein Löwe erbarmt sich, im Gegenteil, die wenigen streichelbaren Tiere lassen sich Berührungen nur von ihm gefallen. Und der Wildhüter findet ihn auch noch witzig. Grausames Schicksal, nachts unter dem unermesslichen Himmel seine Stimme tönen zu hören. Kein Kreuz des Südes kommt dagegen an.
Fast scheint es, als sei das Glück auf so genannten Traumreisen besonders schwer zu haben. Wir fangen schon an auszurechnen, was wir uns zu Hause für all das Geld hätten leisten können. Vielleicht sollten wir einfach den Wunsch aufgeben, mög-

lichst viel von der Welt zu sehen. Suchen wir uns einen Traumort aus und spannen dort aus. Lassen wir uns hundertprozentig verwöhnen. Auf den Seychellen könnten wir eine Insel ganz allein für uns haben, vorausgesetzt, wir verdienten so gut wie die Waffenhändler, die das tun. Auf exklusiven Bootsausflügen könnten wir mit ihnen die nächsten viel versprechenden Konfliktherde diskutieren. Aber wir sind gute Menschen. Wir wollen Frieden. Vor allem für uns selbst.
Deshalb steigen wir in einer angenehmen Klimazone in einem Luxushotel ab. Ruhige Stein- und Erdfarben, Antiquitäten im Zimmer oder besser noch in der Suite, ein Bad aus Marmor und Fresken, Panoramablick über die Landschaft unserer Sehnsucht. Zur blauen Stunde gibt es Wachtelspiegeleier am Pool, in dem unter Wasser Mozart erklingt. Die Bettwäsche hat das gewisse Knistern von Satin. Warum liegen wir trotzdem schlaflos? Weil wir den Fehler begangen haben, im Fernsehen um Mitternacht die deutschen Nachrichten anzuschauen? Weil das Kopfkissen die falsche Form hat? Die Matratze ist weich. Wir haben nie ein Brett im Bett gebraucht, aber hier scheint es angemessen. Warum hat der grau melierte Herr an der Rezeption uns so abschätzig gemustert, während alle anderen vom Personal das obligate Fünf-Sterne-Lächeln aufgesetzt hatten? Oder war es nicht abschätzig gemeint?
Das Hotel hat vier weltberühmte Restaurants, das prächtigste davon hängt hundert Meter über dem Golf oder der Bucht oder dem Wasserfall. Das än-

dert nichts daran, dass uns das Menü im Magen liegt. Wir waren noch im Wellness-Spa und haben uns durchkneten lassen. Der Physiotherapeut hätte sich das feinsinnige Lächeln gern sparen können. Wenn man auf Luxusreise ist, darf man wohl Fettpölsterchen haben! Eigentlich wollten wir nicht ins Grübeln kommen, wir wollten nur glücklich sein. Aber nun liegen wir schlaflos für fünfhundert Euro pro Nacht.

Wir stehen auf und treten ans Fenster. Immerhin, ein angemessener Rahmen für unseren Schmerz: Unten der im Mondschein schimmernde Privatstrand, die blauen Pools, der in Flutlicht getauchte Golfplatz. Dann die dunkle West Bay, umrundet von einem funkelnden Prachtboulevard. Falls wir gerade in Dubai sind, erblicken wir gegenüber, auf einer künstlichen Insel, ein Weltwunder: Burj Al Arab, das unübertreffliche Sieben-Sterne-All-Suite-Hotel, höher als der Eiffelturm, edler als alles, was es auf dem Globus zu buchen gibt. Die Suite für fünfzehntausend Euro pro Nacht, vielleicht wäre die es gewesen? Bestimmt!

Nein. Natürlich nicht. Auch dort hätten wir mit unseren ewig wiederkehrenden Gedanken am Fenster gestanden, hätten genauso sehnsüchtig auf dasselbe winzige Boot geschaut, das jetzt gerade aufs Meer hinaustuckert. Mit diesem Fischer auf den Mond zuzugleiten, das wäre es! Mittellos, unbeschwert, frei. Denn all das nicht zu brauchen, was Luxus heißt, das ist das Glück! Ja, jetzt erst, auf unserer teuersten Reise, verstehen wir den sonderbaren Satz von Blaise Pascal: Alles Leiden des Menschen kommt daher, dass er nicht ruhig auf seinem Zimmer bleiben kann. Die Wünsche führen immer in die Ferne, in die Zukunft, zu Besser und Mehr, immer weg, weg von uns und vom scheinbar ungenügenden Augenblick.

Danke. Wenn wir jetzt nach Hause kommen, können wir ruhiger auf unserem Zimmer bleiben. Denn diesen kostbaren Gewinn nehmen wir mit von unserer Luxusreise: das sichere Wissen, dass das Glück eben nicht anderswo liegt und dass es auch für Geld nicht zu haben ist. Arme Leute glauben das noch. Im Grunde besteht ihre Armut sogar einzig in diesem Glauben. Wir legen diesen Glauben jetzt ab. So gewinnen wir am Ende unserer Fahrt dann doch Freiheit und inneren Frieden. Dafür hat sie sich gelohnt, unsere schmerzvollste Reise.

Bange Heimkehr

Die Heimkehr von einer Reise ist immer zwiespältig. Natürlich sind wir froh, nach Hause zu kommen. Endlich wieder einen Schrank voller Wäsche zu haben. Ein Telefon, bei dem kein Hotel abkassiert. Einen geräumigen Kühlschrank. Eine leibhaftige Waschmaschine. Einen Fernseher mit unverschmierter Fernbedienung. Wir freuen uns, nun ja, auf unsere Nachbarn, jedenfalls auf einige.

Dennoch beschleicht uns ein banges Gefühl, wenn das Taxi in unsere Straße biegt. Der Fahrer hat uns über das Wetter und die Politik der vergangenen Wochen eingehend informiert. Wir haben wenig verpasst. Es ändert sich eben nicht viel. Sogar das Haus steht noch. Das ist beruhigend. Aber wie mag es drinnen aussehen?

Dunkel erinnern wir uns, dass wir einiges unvollendet zurücklassen mussten, ganz zu schweigen von der Steuererklärung. Welche unbehaglichen Briefe sind mittlerweile eingetroffen? Hat überhaupt jemand die Post reingenommen? Oder hat Frau Haack wieder den Schlüssel an Herrn Bölker weitergegeben, weil sie plötzlich verreisen musste, und der ist dann übers Wochenende zu seinen Verwandten gefahren und doch etwas länger geblieben, weshalb er den Schlüssel an Frau Affeld geschickt hat, die aber gar nicht da war?

Wenn wir die Wohnung aufschließen, schleifen einige Zeitungen und dicke Briefe über den Boden, die roten Benachrichtigungskarten für sehnlichst erwartete Päckchen sind abgelaufen. Leicht muffiger Geruch. Wir kommen aus einem aufgeräumten Hotelzimmer. Jetzt fällt auf, dass sich bei uns die Teppichkanten hochbiegen. Der Spiegel hängt schief. Überhaupt, renovieren wäre nicht schlecht. Aber gemach, in ein paar Tagen werden wir das nicht mehr sehen.
Im Schlafzimmer steht das Fenster offen. Der Verfärbung des Fußbodens nach augenscheinlich schon seit geraumer Zeit. Etwa seit unserer Abreise? Wenn wir eine nahezu erwachsene Tochter haben, die in ihrer WG nicht ganz glücklich ist, werden wir auf weitere Indizien stoßen. Sie sollte eigentlich die Blumen gießen, das hat sie auch getan, aber leider erst vor einer Stunde. Alle Pflanzen sind vertrocknet, stehen aber knietief im Wasser. Der verweigerte Kaschmirpullover der Mutter ist ausgebeult und hat einen Fleck. Falls wir einen Sohn zurückgelassen haben, müssen wir jetzt die vereidigte Raumpflegerin zu Erste-Hilfe-Maßnahmen rufen.
Wie bitte, Katzenhaare auf dem Sofa? Woher kommen die denn? Dann muss der Schlüssel jetzt bei Frau Tietje sein. Niemand sonst hat einen haarenden Liebling. Dann hat diese reizende Nachbarin hier ferngesehen, als ihr Mann daheim auf Sport bestand. Und hat sie dabei Ketchup gelöffelt? Oder weisen diese sonderbaren Spuren auf ein geheimes Verbrechen?
Kein Papier mehr im Fax. Alles verbraucht von Wer-

bern für Erfolgsseminare, City Roller und Radarfallenwarner. Zweiundsiebzig Nachrichten auf dem Anrufbeantworter, davon dreiundsechzig von Tante Hanna, der wir große lesbare Zettel in ihr Seniorenapartment geklebt haben; sie hat trotzdem nicht begriffen, dass wir verreist sind. Ihre Nachrichten klingen von Mal zu Mal griesgrämiger, in der letzten kündigt sie an, sie werde uns enterben. Also sofort anrufen oder am besten gleich besuchen.

Das Auto ist nicht aufgebrochen worden, aber jemand hat daneben einzuparken versucht. Friede sei mit ihm; wir werden uns anderswo rächen. Der Motor hustet. Aber das liegt wohl daran, dass wir das Kuppeln vergessen; der Urlaubs-Leihwagen hatte Automatik. Ein befremdeter Blick zum Mülleimer: Der ist mit weißer Farbe bekleckert. Irgendwer in der Gegend hat renoviert und unsere verwaiste Tonne genutzt. Noch hat der Alltag nicht begonnen, schon spüren wir, wie uns die Erholung milligrammweise abhanden kommt.

Jetzt besteht Grund, sich dankbar an den Urlaub zu erinnern. Nun ist es Zeit, die Bilder zu entwickeln, die sich in unser Gedächtnis geprägt haben, und noch die bittersten Erlebnisse in Abenteuern zu verzaubern. Solange wir unterwegs waren, schien uns manches beklemmend. Nun, von den engen Armen der Heimat umschlungen, wissen wir, wie frei, wie glücklich wir waren.

Preiswerte Mitbringsel

Anderen eine Freude machen ist das Schönste im Leben. Schenken, abgeben, teilen – das gibt unserem Dasein erst so recht einen Sinn. Finden Sie nicht auch? Oder zögern Sie? Dann präziser: Anderen eine Freude machen, das ist das Schönste, sofern es nicht allzu viel kostet. Einverstanden?
Na, wusste ich's doch. Andernfalls darf ich Sie kurz an die Schublade erinnern, in die Sie allen unnützen Kram stopfen, bis Sie ihn zu Weihnachten als Liebesgaben entsorgen können. Und ich darf Sie an die Bücher erinnern, die Sie nicht lesen mögen, die CDs, die Sie sich übergehört haben, an all das, was Sie vor dem Fest einmal kurz abwischen, dann in Geschenkpapier tarnen, um dann den Jubel der Beschenkten einzufordern.
Was für Feste zutrifft, gilt noch viel mehr für Reisen. Ich rede von den Gaben, die man von uns erwartet. Von den so genannten Mitbringseln. Als wir sehr jung waren, was ja noch nicht lange her ist, als wir Kinder waren, da fanden wir diese Sitte der Mitbringsel angenehm. Inzwischen haben wir die bittere Kehrseite kennen gelernt. Und die heißt: einkaufen. Am Urlaubsort nicht entspannen, sondern an Eltern und Kinder denken, an Stieftanten und Halbgeschwister, an all die so genannten Lieben, denen wir etwas mitbringen müssen. Die

Faustregel heißt hier mehr noch als beim Lichterfest: Die Geschenke sollen nach viel aussehen, dürfen aber nur wenig kosten.

Mit wenig meine ich natürlich: gar nichts. Kennen Sie die kleinen Plastikfläschchen mit Shampoo und Body Softener? Aus dem Korb im Hotelbadezimmer? Genau. Die haben Sie entweder schon selbst großzügigst verschenkt oder doch wenigstens geschenkt bekommen. Richtig so. Ich bringe den Daheimgebliebenen gern auch den »Sewing Kit« mit, das kleine Nähset in der Größe eines Streichholzbriefchens, mit den immer gängigen Fadenfarben Schwarz, Grau, Weiß und Braun. Oder die Duschhaube (»Showering Cap«), die besonders haarlose Urgroßmütter schmückt, aber auch bei Kindern recht beliebt ist, ich sage immer: zum Verkleiden im Fasching.

Sicher gehören Sie nicht zu den Leuten, die Handtücher mit dem Aufdruck »Astor Victoria« mitnehmen. Ich auch nicht, zumal die ja längst in jeder Privatwohnung hängen. Und seit ich beharrlich auf Nichtraucheretagen einchecke, ist es auch nicht mehr weit her mit den Aschenbechern, die ich mitbringen könnte. Aber es gibt ja zum Glück viel leichtgewichtigere, gesündere Mitbringsel. In amerikanischen Motels liegen meist kostenlose (»complimentary«) Tütchen mit Pulverkaffee. Nach meiner Erfahrung freuen sich die heimischen Lieben von ganzem Herzen darüber, einfach weil es von weit her kommt und mit exotischen fremden Worten bedruckt ist (»Coffee«).

Noch überraschender und in fast jedem Land der Welt kostenlos zu haben: Zuckertütchen und

Streichholzschachteln, am liebsten mit finnischer oder ungarischer Reklame darauf oder noch besser arabisch oder chinesisch mit den originalen unentzifferbaren Schriftzeichen.

Meinen Sie etwa, im Souvenirshop am Flughafen bekommen Sie etwas Originelleres? Bestimmt nicht. Da stehen miniaturisierte Towerbridges und Eiffeltürme, als Freiheitsstatuen getarnte Feuerzeuge, Empire State Buildings als Kerzen, Plüschelche und Carmen-Püppchen, handsignierte Indianermasken, Teddybären, Kühlschrankmagneten, Bierseidel mit Namenszug und Schwarzwaldpuppen mit roten Pompons am Hut – und das natürlich nicht nur im entsprechenden Land. Sondern überall auf der Welt!

Mein Stockschild mit Bild und Aufdruck »Matterhorn« habe ich im Flughafen von Shanghai erworben. Da gab es auch Stockschilder von Neuschwanstein, Heidelberg, St. Moritz und vom Völkerschlachtdenkmal. Wie bitte, Stockschilder? Etwa so was, was unser Großvater auf den Spazierstock nagelte? Ja, genau. Solche schaurig gemütlichen Details finden Sie hierzulande nicht mehr. Aber in Dubai und auf den Malediven, da gibt es sie, wahrscheinlich werden sie da sogar hergestellt. Wenn Sie so etwas hier finden wollen, müssen Sie auf den Flohmarkt.

Und genau das tue ich, wenn ich von einer Reise gekommen bin und mal wieder an die wichtigste Person in meinem Leben nicht gedacht habe, an meine Erbtante. Dann hole ich mir die Mitbringsel um die Ecke vom Flohmarkt. Denn da gibt es sie alle! In unerschöpflichem Reichtum und sensationell billig! All das elende Eingeborenen-Gebastelte, den Eskimo-Krempel und Indianer-Ramsch, bei irgendwelchen Wohnungsräumungen zum Sperrmüll gestellt, jetzt hier zum Schleuderpreis zu haben.

Meistens ist es echter als das, was in den entsprechenden Ländern angeboten wird, denn es stammt aus Zeiten, als die Tourismusindustrie in Kenia oder in Tibet noch unbekannt war. Da habe ich also schon manche hässliche Muschelkette oder undichte Wasserpfeife für meine Erbtante erworben, auch einen Bumerang aus dem Outback, ein bastgeflochtenes Kleinkamel aus Tunesien und eine Maske aus Indonesien, die ich allerdings meiner Reiseroute gemäß als peruanisch ausgeben musste. Der Plunder muss jetzt von ihrer Haushaltshilfe abgestaubt werden, bis er – es dauert hoffentlich nicht mehr allzu lange – von uns weiterverschenkt werden kann.

»Ja, mit seinen Mitbringseln gibt er sich immer große Mühe«, hat meine Erbtante jüngst in größere Runde geäußert. Die anderen haben dazu merkwürdig laut geschwiegen. Vielleicht muss ich es ihnen hoch anrechnen, denn natürlich bleibt nicht allen meine lässige Entledigung der Pflicht verborgen. Besonders, seit ich dazu übergegangen bin, die Reste aus meinen Manteltaschen als Geschenk zu entsorgen.

Geht es Ihnen nicht auch so? Wenn Sie nach Hause kommen, finden Sie in Ihren Seitentaschen noch lauter Seilbahntickets, Whalewatching-Zertifikate, Mautgebührenquittungen und Delfin-Show-

Eintrittskarten aus dem Land Ihrer Reise. Weg damit? Nicht doch! Diese Papiere sind oft recht hübsch bedruckt! Und mit fremden Worten! Ja, richtig: Das sind herrliche Mitbringsel! Ich umgebe sie beim feierlichen Überreichen immer mit der Aura des Seltenen und Besonderen. Etwa: »Viele Sammler lecken sich die Finger danach!« Oder: »Bei einer Auktion wurde für so ein Ticket neulich über tausend Mark bezahlt! Denkt an die blaue Mauritius!«

Das Einzige, was mir zu schaffen macht, ist der Umstand, dass mir die anderen seit geraumer Zeit auch nicht mehr so schöne Mitbringsel überreichen. Als mein Bruder mich nach seiner Amerikareise besuchte, stand ich zufällig am Fenster und sah ihn kommen. Auf der Straße, unter den Ahornbäumen, bückte er sich. Drei Minuten später überreichte er mir ein Ahornblatt mit den Worten: »Aus Kanada.«

Was sagen Sie dazu? Ich habe nichts gesagt. Ich finde nur, die Menschen machen sich heutzutage immer weniger Gedanken. Schade ist das.

Wie man von der Reise erzählt

Sie sind wieder da? Schön. Wir freuen uns, Sie zu sehen. Von ganzem Herzen. Hatten Sie gutes Wetter? Ach, wirklich? Auf der Fernsehkarte sah es immer so aus, als hätte es bei Ihnen geregnet. Hat es gar nicht? Wie schade, äh, wie angenehm für Sie. Und Sie haben unheimlich viel gesehen? Und müssen jetzt erstmal die vielen Eindrücke verarbeiten. Aha.

War es nicht auch ein bisschen anstrengend? Nein? Hmm. Weil Sie immer wieder herrlich gebadet haben. Schön für Sie.

Aber das Meer soll doch so verschmutzt sein? Nein? Vorbildlich sauber, Sie haben nie so etwas Schönes erlebt. So, so. Aber das Essen ist da unten doch angeblich – ? Nein? War phantastisch. Aber das Hotel? War nicht wenigstens das ein Reinfall? Nein? Fünf Sterne.

Aber an unseren Standards gemessen? Sie waren begeistert. Es hat sogar Ihre Erwartungen übertroffen. Kein Baukran vor dem Fenster? Was – herrlicher Blick? Und das Personal war reizend zu Ihnen. Wie ist das nur möglich?

Sagen Sie mal, haben Sie nicht irgendetwas Erfreuliches zu berichten? Sind Sie nicht bestohlen worden? Oder haben Sie vielleicht Ihren Schmuck im Hotel liegen lassen? Die Kontaktlinsen im Pool verloren? Ist Ihr Koffer versehentlich Richtung

Bangkok geflogen? Oder haben Sie sich den Fuß verstaucht beim Herumklettern auf den Ruinenhügeln? Waren Sie nicht wenigstens vom Reiseleiter genervt?

Oder, nun geben Sie uns endlich ein Signal der Hoffnung, hat man Ihnen die Reifen zerstochen, sind Sie im Fahrstuhl stecken geblieben, mussten Sie auf dem Flughafen übernachten? Es kann doch nicht alles wunderbar gewesen sein! Wollen Sie uns quälen?

Wir flehen Sie an: Haben Sie sich nicht zumindest einen unbekannten Virus aufgesackt? Eine Magenkrankheit, die Sie nötigt, in den nächsten Monaten ausschließlich Haferschleim zu essen? Auch nicht. Seufz.

Sie haben sich blendend erholt. Das ist ja grässlich. Sie fühlen sich jetzt richtig gut. Grauenhaft. Sie haben Ruhe und Erholung getankt für viele Wochen, Sonne gespeichert für viele Winter. Das ist wahrhaftig eine bittere Enttäuschung!

Und da sollen wir obendrein noch gratulieren? Sagen Sie mal, waren Sie überhaupt verreist? Das kann doch alles nicht wahr sein! Jede Reise hat doch ihr Übel!

Stimmt. Und es ist auch nicht wahr. Was da erzählt wird, es ist gelogen. Ist Übertreibung, Bluff, Schönfärberei. Was die Rückkehrer uns berichten und was wir selbst den Hiergebliebenen erzählen: alles frisiert. Es muss frisiert werden. Für jeden ein wenig anders.

Nur der herzensguten Tante oder Großmutter können wir die reine Wahrheit beichten. Sie wird sich mitfreuen, wenn wir die schönen Momente schildern, und wird unseren Erbteil erhöhen, wenn wir vom Strand der spitzen Steine berichten oder vom Strafticket wegen Überfahrens der weißen Linie. Allen anderen müssen wir eine sorgfältige Auswahl präsentieren. Unsere Feinde können wir mit enthusiastischen Berichten foltern. Unsere Freunde mit Missgeschicken trösten.

Dem lästigen Zuhörer, der unseren Erholungsort kennt, geben wir einen geistigen Kinnhaken. Er war vor uns dort. Nun behauptet er, damals sei alles echt gewesen und noch nicht so verbaut. Oh, nein, sagen wir lächelnd, ganz im Gegenteil: Die furchtbaren Bausünden von damals sind alle abgerissen worden. Stattdessen hat man herrliche Naturparks geschaffen. Weite Küstenstreifen, die zu deiner Zeit noch militärisches Sperrgebiet waren, sind nun für die Besucher freigegeben. Und die Einheimischen sagen: Jetzt erst kann man die Schönheiten unseres Landes wirklich genießen. Das wird dem Alleskenner – es ist meistens ein Mann – den Mund stopfen.

Die missgünstige Kollegin, die immer leuchtende Augen kriegt, wenn wir Nieten ziehen, können wir peinigen, indem wir ihr von all dem vorschwärmen, nach dem sie sich immer gesehnt hat. Um ihr am Ende noch den finalen Rippenstoß zu geben: Für dich wäre die Reise allerdings ein bisschen zu anstrengend. Bei deinem Gewicht.

Und wenn sie uns beim nächsten Mal aus Rache etwas vorschwärmt? Dann sagen wir: Nach all deinen Fiaskos in den vergangenen Jahren muss es

dir ja paradiesisch vorgekommen sein; wir freuen uns für dich, wirklich, von Herzen!
Dann ist ihre Erholung gleich wieder hinüber. Das gibt ihr den Rest. Und wir sind zufrieden.

Krönung des Urlaubs:
der Beschwerdebrief

Schreiben Sie? Sind Sie dichterisch begabt und zugleich engagiert? Dann müssen Sie Meisterin oder Meister sein im Erschaffen jenes Kunstwerkes, das eine gelungene Reise krönt. Kenner nennen es das Sahnehäubchen eines Urlaubs. Ich spreche vom Beschwerdebrief.

Ohne Beschwerdebrief ist ein Urlaub einfach nicht vollständig. Und Reisen, die wir auf eigene Faust unternehmen, bleiben unbefriedigend. Wir wissen dann nicht, bei wem wir uns beschweren sollen. Beim eigenen Partner, gewiss, aber von dem kriegen wir kein Geld zurück.

Nein, es ist besser, wenigstens einen Teil der Reise bei einem Veranstalter zu buchen. Dieser Veranstalter ist dann von vornherein verantwortlich für alle Misshelligkeiten. Und es ist ein Genuss – Forscher nennen es den wahren Reisegenuss – bereits in der Abflughalle mit dem Führen einer Mängelliste zu beginnen.

Verzögert sich die Abfertigung? Sind die Lautsprecherdurchsagen unverständlich? Kippt der Koffer bereits auf dem Förderband? Begabte Autoren – Sie und ich – beginnen hier mit der Stoffsammlung. Bei der Verspätung runden wir nach oben auf. Der Transfer vom Ankunftsflughafen zum Hotel klappt bestimmt nicht reibungslos, vermutlich spricht auch niemand Deutsch; das wird notiert.

Im Hotel selbst beginnt das eigentliche Vergnügen. Das Zimmer ist zu klein. Der Ausblick nicht wie versprochen. Beim Öffnen des Fensters – wenn es sich denn problemlos öffnen lässt –, strömt Frittierdunst herein. Enthält der Duschabfluss noch Haare des unglücklichen Vorbewohners? Tropft der Wasserhahn? Fehlt in der Wanne der Haltegriff? Stehen im Zimmer zwei Einzelbetten statt des versprochenen Doppelbettes? All das rechtfertigt eine Minderung.

Aber es kommt noch besser. Kein Hotel ist leise genug. Lauschen wir mal. Hört man den Fahrstuhl? Schritte von oben? Entferntes Türenschlagen? Brummt die Klimaanlage? Schallen spätabends Discobässe über die Bucht oder gar aus dem hoteleigenen Night Club? Wunderbar. Nach der berühmten Frankfurter Tabelle ist die Reise damit schon um die Hälfte billiger geworden.

Wie sieht der Speisesaal aus? Etwa wie in einer Jugendherberge? Gibt es nur Plastikstühle? Wird mittags etwa in Schichten gegessen? Sind es die Speisen von gestern, die uns aus Aluminiumgefäßen wie heißer Schlamm anblubbern? Und wenn wir wieder ins Zimmer kommen, ist es inzwischen vielleicht mal gesäubert? Oder sind die vergammelten Chips unterm Bett immer noch da? Moment, was war das?! Huschte da etwas Schwarzes die Lamperie entlang? Mon Dieu! Mag es auch nur der eigene Schatten gewesen sein – wir notieren! Ein Beschwerdebrief kann gar nicht gesättigt genug

sein mit Fakten. Und bekanntlich fälschen selbst Nobelpreisträger, wenn es der Forschung nützt.
Also weiter. Ein kultureller Ausflug unter kundiger Führung. Wirklich kundig? Auch der deutschen Sprache? Oder weiß dieser so genannte Guide lediglich, in welchem Schnellrestaurant er die beste Provision kriegt? Treibt er uns im Laufschritt durch die berühmten Ruinen, zwingt uns aber in Läden voller Nepp und Kitsch zum stundenlangen Aufenthalt? Danke, wir schreiben mit. Auf dem Rückweg zum Hotel kommen wir an einer Baustelle vorbei. Ah! Ist sie unserem Zimmer vielleicht nahe genug, um zum Preisnachlass zu berechtigen? Bestimmt! Betonmischer zehn Prozent, Kreissäge zwanzig Prozent, Dampframme dreißig.
Müssen wir jetzt überhaupt noch etwas bezahlen? Ein Blick in den Hotelpool – zu schmutzig oder zu verchlort, ein paar Schritte am Strand entlang – vermüllt oder veralgt, das sollte dann reichen. Nun lassen wir unsere Mängelliste noch von gleich gesinnten Zeugen abzeichnen und verabreden uns mit ihnen, dass sie einen nahezu gleich lautenden Brief an den Veranstalter schreiben. Und dann freuen wir uns nur noch auf die Verspätung beim Abflug, auf die Zwischenlandung trotz zugesagtem Non-Stop-Flug, und wir können diese Reise mit hohem Gewinn abschließen.
Das künstlerische Verfassen des Beschwerdebriefes am heimischen Schreibtisch ist dann höchster kreativer Genuss im Sinne unserer großen Klassiker. Besonders wenn wir ihn mit Formeln schmücken (»nie wieder«, »werde alle warnen«), die unsere ganze

Macht bedrohlich in die Höhe wachsen lassen. Der Postbeamte beugt sich in Ehrfurcht, wenn wir das »Einschreiben mit Rückschein« vorlegen.
Sind wir nun Meckerer, Miesepeter, Nörgelheinis? Im Gegenteil. Wir schaffen es nicht nur, die sonnigen Seiten der Reise zu genießen, sondern auch den Schattenseiten etwas Gutes abzutrotzen. Wir freuen uns über alles Gute, das uns widerfährt. Und über alles Schlechte auch. Mängelliste und Beschwerdebrief machen uns zu vorbildhaften Meistern des positiven Denkens.

Ansichtskarten und ihre Verfasser

Freuen Sie sich auch über jede Ansichtskarte im Briefkasten? Erstens, weil es keine Mahnung ist, zweitens, weil jemand an Sie gedacht hat? Und dann sind Sie immer ein bisschen enttäuscht? Es steht nämlich nichts drauf. Nur, dass das Wetter herrlich ist und Ihre Freunde wunderbar baden und schon ein Riesenprogramm gemacht haben, dass sie phantastisch essen, in einem tollen Hotel wohnen und jeden Tag genießen.
Stimmen dergleichen frohe Botschaften Sie immer ein wenig traurig? Mich auch. Viel zu selten lesen wir, dass unsere Freunde im Urlaub vor lauter Regen keine trockenen Sachen mehr haben, dass die Tante sich den Knöchel verstaucht hat und keine Tour mitmachen kann, dass der Onkel sich gleich am ersten Tag den Magen verdorben hat und seither im Bett liegt, dass die Papiere geklaut worden sind und das Ganze sich als Riesenreinfall entpuppt.
Solche wahrhaft erfreulichen Nachrichten sind rar. Schließlich möchten wir doch unsere Fortgereisten von Herzen bedauern, nicht beneiden. Wir möchten die christliche Tugend des Mitleids entfalten können. Mitfreude macht irgendwie keinen Spaß.
Aber nein, unentwegt kriegen wir phrasenhafte Jubelkarten und sollen die auch noch aufheben, bis

die Freunde zurück sind und als Erstes wissen wollen, ob ihre Karte angekommen ist. Dann müssen wir kurz zum Inhalt Stellung nehmen oder zum Motiv, dürfen uns eine ausführliche Version des Triumphberichtes anhören, und dann ab ins Altpapier. Natürlich habe ich auch ein oder zwei besondere Karten an der Pinnwand, so wie Sie am Kühlschrank oder hinterm Schreibtisch. Zwei sind übrig geblieben von hundert Karten der letzten Jahre oder Jahrzehnte. Oder haben Sie eine ganze Sammlung? Dann ist Ihnen sicher schon aufgefallen, dass Ihre Freunde Ihnen immer dasselbe Motiv schicken. Ganz egal, wo auf der Welt sie sich gerade befinden.
Der Bürokrat schickt Ihnen jedesmal eine Ansicht von seinem Hotelkasten. An einem der tausend Fenster prangt ein Kugelschreiber-Kreuz. Da wohnt er. Das möchte er ein für allemal dokumentiert haben. Den Streber unter Ihren Freunden erkennen Sie an seinen Kunstpostkarten. Zerbrochene Säulen, Statuen, Fresken, Kirchen, Klöster. Er hat das Lehramt inne, zumindest als Hobby, und Sie sollen seine Bildung bewundern.
Der unverwüstliche Scherzkeks wählt Pointen von der Stange. Die zahnlose alte Frau mit dem zusammengekniffenen Mund. Die Karte zum Ankreuzen »Sonne scheint/nicht, Essen prima/schwach, Stimmung gut/schlecht«. Oder die tiefschwarze Karte »unser Ort bei Nacht«. Jedes Jahr, und Sie sollen immer noch lachen.
Oder entdecken Sie das Abbild eines Röschen-Bouquets im Briefkasten? Es können auch Veilchen

sein. Ein Seehund blickt Sie treulich an. Zwei Kätzchen spielen auf einer Treppe. Von wem die Karte kommt? Sie wissen es schon: vom ewigen Mauerblümchen unter Ihren Freunden. Wo es sich gerade befindet? Schwer zu sagen. Wo immer es Urlaub macht, es wählt stets dieselben Motive: Pflanzen, Tiere, Kinder.

Dann kommt eine Karte, die Ihnen ebenfalls bekannt vorkommt. Ein Flugzeug ist drauf. Wer die schickt? Natürlich der Geizhals aus Ihrer Bekanntschaft. Auf dem Flug hat er einen Stapel kostenloser Karten ergattert. Seien Sie ihm dankbar, dass Sie kein Strafporto bezahlen müssen.

Und nun die Sammelkarte des Unentschlossenen. Fünf bis sechs schräg angeordnete Minifotos: die Oper, der Fluss, der Bahnhof, die Brücke, ein Wachwechsel. Darunter steht »Herzliche Urlaubsgrüße aus dem schönen X«. Damit Sie wissen, wo sich der Unentschlossene diesmal langweilt.

Aufreizend originell dagegen: der Gruß des Kunstseidenen. Ihres designbewussten Freundes. Er wählt die etwas teurere Fotokarte: Brückenfigur im Nebel, Piazza im Regen, Kuh im Gegenlicht mit leichtem Dunst. Dass er glaubt, ausgerechnet dadurch setze er sich von der Tourismusindustrie ab, verzeihen Sie ihm. Dass er seine Karte ewig bei Ihnen an der Pinnwand sehen will, macht Ihnen dagegen zu schaffen. Vom alternden Chauvi kommen zwei Nixen am Pool oder drei nackte Frauen von hinten unterm Sombrero oder ein mit Sand betupfter Busen von der Playa Ingles. Und vom greisen

Onkel kommt die Karte, auf der rot unterstrichen steht: »Briefmarke aufheben!«
Das ist es auch schon. Mehr Freunde haben Sie nicht. Ich auch nicht. Ach ja, vielleicht noch eine Tante, die fußgemalte Unicef-Karten schickt, um Mildtätigkeit zu demonstrieren. Und dann trudelt immer was Gekrickeltes ein, über dessen Urheberschaft wir jedes Jahr vergeblich rätseln. Aber das ist es. Zu mehr Individualismus ist kein Reisender in der Lage. Deswegen sind wir immer zwiegespalten angesichts der Karten in unserem Briefkasten. Auch plagen uns Gewissensbisse.
Erstens müssen wir den Absendern nun ebenfalls aus unserem nächsten Urlaub schreiben. Und zweitens werden wir es nicht besser machen. Wir werden unsere Adressenliste im Gepäck haben und unsere Pflicht erfüllen.
Am vorletzten Reisetag sitzen wir mit einem Stapel preisgünstiger Karten im Café und produzieren seufzend Grüße am Fließband. Natürlich achten wir darauf, dass Freunde, die sich kennen und austauschen, nicht exakt dasselbe Motiv und denselben Text bekommen. Wir haben zwei oder drei Varianten. Und den heuchlerischen Wunsch: »Schade, dass du nicht hier bist!« schreiben wir ausschließlich Erbtanten, die garantiert nicht mehr mit uns reisen können. Und am Airport, wenn wir abfliegen, werfen wir den ganzen Schwung in den Kasten. Und hoffen unsere kostbaren Werke demnächst bei unseren lieben Bekannten an der Pinnwand zu sehen.

Und jetzt kommen die anderen zu Besuch

Wer auf Reisen einmal bei Freunden übernachtet hat, muss mit dem Schlimmsten rechnen. Nämlich mit dem Gegenbesuch. Jedem von uns droht irgendwann dieses Unheil. Und es ist immer selbstverschuldet. Denn was haben wir den Freunden beim Abschied gesagt? »Wenn ihr mal in unsere Gegend kommt, dann könnt ihr jederzeit bei uns übernachten, überhaupt kein Problem!« Später haben wir dieses Angebot bei gelegentlichen Telefonaten sogar wiederholt.
Und nun kommen sie tatsächllich. Sie haben das Angebot missverstanden. »Aber bitte sagt ehrlich, wenn es euch nicht passt!«, sagen sie am Telefon. »Passt wunderbar«, behaupten wir aus Nächstenliebe. »Endlich kommt ihr mal!«
Die Freunde glauben das. Wir zählen zur Abschreckung auf, was sie in Kauf nehmen müssen: unsere Dusche ist im Umbau, in der Wohnung über uns, exakt überm Gästezimmer, sind drei Enkelkinder zu Besuch und auf dem Nachbargrundstück haben Bauarbeiten begonnen.
All das schreckt sie nicht. Sie packen bereits. Drei Tage wollen sie bleiben. Also auch drei Nächte. Wir räumen das so genannte Gästezimmer frei, das uns als Arbeitszimmer, Bügelraum und Abstellkammer unentbehrlich geworden ist. Das Schlafsofa hat

sich als ideale Ablage entpuppt. Nun müssen wir Decken und Klemmlampen zusammensuchen.
»Mache es Ihnen nur nicht zu gemütlich!«
Da klingeln sie schon. Sie haben also unterwegs keine Panne gehabt, sie sind von keinem Notruf zur Umkehr gezwungen worden. Sie sind da.
»Wie schön, dass ihr es endlich mal geschafft habt!«
Sie behalten die Schuhe an. Mit Ausrufen der Begeisterung schreiten sie die Wohnung ab. Offenbar können sie sich vorstellen, hier länger zu bleiben. Eigentlich wollten wir schnell noch die Steuererklärung machen; jetzt müssen wir mit ihnen zusammensitzen. Und das wird so weiter gehen. Privatleben ade.
Natürlich werden sie ausschlafen. »Kümmert euch nicht um uns«, behaupten sie, aber pflichtbewusst stellen wir ihnen ein Frühstück hin, bevor wir auf Zehenspitzen aus der Tür schleichen. Es sei denn, sie stehen vor uns auf. Dann besetzen sie stundenlang das Badezimmer. Was machen sie da nur? Sie lassen das Wasser laufen. Sie verbrauchen Strom. Weil wir ihnen einen Schlüssel abgetreten haben, können wir nie vor ihnen sicher sein. Am idyllischen Spätnachmittag stürmen sie plötzlich zur Tür herein, begeistert vom Stadtbummel und wollen erzählen. Am nächsten Tag kommen sie so spät, dass wir ihretwegen unseren Heilschlaf versäumen. Wenn wir für sie gekocht haben, haben sie garantiert unterwegs gegessen und bringen keinen Bissen mehr herunter. Nur den Wein schaffen sie noch.
Sie erwarten, dass wir alles über unsere Stadt wissen. »Wann ist eigentlich das Rathaus gebaut wor-

den? Wie viele Leute arbeiten im Hafen? Und wie hoch ist der Fernsehturm?« Wir haben uns die Mühe gemacht und Empfehlungen für sie ausgearbeitet: Die Kirche müsst ihr euch noch ansehen, zeigen wir ihnen auf dem Stadtplan, und auf jeden Fall das Museum. Sie halten sich nicht daran.

Stattdessen schließen sie Freundschaft mit dem Feind im Haus gegenüber, dessen Hund auf unserer Abschussliste steht; den würden sie nun am liebsten mitbringen zu uns. An dem Tag, an dem sie versprochen hatten, einen schönen langen Ausflug zu machen, bleiben sie zu Hause, wegen einer lächerlichen Blase am kleinen Zeh. Wir sitzen mit ihnen herum und haben das Gefühl, wir müssten ihnen etwas anbieten.

In unserem eigenen Programm fühlen wir uns mittlerweile um Jahre zurückgeworfen. Jetzt geht es auch an unsere Finanzen. Die Trüffelleberpastete aus dem Kühlschrank ist verschwunden, »die schmeckte ja phantastisch«, und durch eine billige Imitation ersetzt worden. »Ihr müsst sagen, wenn eure mehr gekostet hat.« Bereits das unbrauchbare kleine Dankeschön, das sie uns mitgebracht haben, kam von der Resterampe und verschwindet in unserer Geschenkekiste.

Sie sehen fern. Falls ein Mann dabei ist, will er mal kurz seine Mails durchchecken und bleibt dann stundenlang ohne Grund im Internet. Der Frau kann man das Bügeleisen nicht verweigern. Später werden wir feststellen, dass der Videorecorder umprogrammiert worden ist, der Computer ständig abstürzt und das Bügeleisen, dessen Wackelkontakt zehn Jahre lang beste Dienste leistete, endgültig aufgegeben hat.

Hatte die Vase immer schon einen Sprung? »Das macht nichts«, sagen wir, aber es wäre eben nicht passiert, wenn sie nicht gekommen wären. Und warum sind sie überhaupt gekommen? Ach, ja. Weil wir sie eingeladen haben.

Und dann, endlich, endlich fahren sie wieder weg. Aufatmen. Erleichterung. Rückgewinnung des verlorenen Glaubens. Hoffentlich springt jetzt ihr Auto an!

»Müsst ihr denn wirklich schon abreisen?«, fragen wir ehrlich betrübt. »Das ist aber schade! Also, dann kommt möglichst bald wieder, und bitte, aber wirklich, dann bringt mehr Zeit mit!«

Dietmar Bittrich | Gute Nacht!

Dietmar Bittrich hat Mark Twain beim Wort genommen – »Niemand schläfert dich so gut ein wie ein deutscher Schriftsteller« – und die einlullendsten Texte der größten deutschen Dichter gesammelt: die Texte zum sanften Weggleiten, die Dichtungen für den tiefen Schlaf, die Lektüre für eine gute Nacht. Schlafforscher wissen: Die letzten Gedanken vor dem Wegdämmern sind die wichtigsten. Dieses Buch garantiert erholsamen Schlaf und ein glückliches Erwachen. Höheres kann Literatur nicht leisten.

240 Seiten, Pappband

| Hoffmann und Campe |